# BLISS TROPIKE: RECEPTAT MË TË MË TË MIRA TË FRYMËZUARA PËR PIÑA COLADA

Përjetoni shijet e ëmbla dhe freskuese të tropikëve në kuzhinën tuaj

Amarildo Cenaj

E drejta e autorit Materiali ©2023

Të gjitha Të drejtat Rezervuar

nr pjesë e kjo libër Mund të jetë të përdorura ose të transmetuara në ndonjë formë ose nga ndonjë do të thotë pa të e duhura shkruar pëlqimin e të botues dhe e drejta e autorit pronar përveç për i shkurtër citate të përdorura në a rishikim. Kjo libër duhet jo të jetë konsiderohen a zëvendësues për bar, ligjërisht, ose tjera profesionale këshilla.

# TABELA E PËRMBAJTJA

**TABELA E PËRMBAJTJA**..................................................................3
**PREZANTIMI**..................................................................................7
**KLASIKËT**......................................................................................8
1. Pina Colada klasike..................................................................9
2. Virgjëresha Piña Colada........................................................11
3. Xhenxhefil Piña Colada.........................................................13
4. Kolada e rrushit.....................................................................15
5. Piña Colada në stilin tajlandez.............................................17
6. Malibu Pumpkin Colada.......................................................19
7. Pina Colada Martini..............................................................21
8. Mocktail Pina Colada............................................................23
**MËNGJESI**....................................................................................25
9. Pancakes Pina colada............................................................26
10. Piña Colada Tërshërë gjatë natës.......................................29
11. Dolli franceze Piña Colada..................................................31
12. Kiflet Piña Colada................................................................33
13. Piña Colada Granola...........................................................35
14. Puding Piña Colada Chia....................................................37
15. Piña Colada Mëngjesi Parfait.............................................39
16. Piña Colada Mëngjesi Burrito............................................41
17. Tavë për mëngjes Piña Colada...........................................43
18. Bukë në kavanoza Piña colada...........................................45
19. Omëletë tropikale................................................................48
20. Waffles Artë me fruta tropikale.........................................50
21. Krepat me fruta tropikale...................................................53
22. Pudingu tropikal i kokosit..................................................55
23. Tropical Acai Bowl..............................................................57
24. Bukë banane e kokosit........................................................59
25. Taco për mëngjes tropikal...................................................62
26. Dolli tropikal me avokado..................................................64
**SNACKS**........................................................................................66
27. Piña Colada Bark.................................................................67

28. Topat e energjisë Piña Colada............................................69
29. Bare Piña Colada Granola................................................71
30. Piña Colada Rice Krispie Treats.......................................73
31. Piña Colada Trail Mix......................................................75
32. Ceviche koktej tropikal....................................................77
33. Kafshimet e proteinave të limonit tropikal....................80
34. Pica me arra tropikale.....................................................82
35. Kaboba me fruta tropikale..............................................84
36. Kokoshka me gëlqere kokosi.........................................86
37. Guacamole lime kokosi..................................................88
38. Karkaleca kokosi.............................................................90
39. Përmbledhje Salsa Mango Tropical..............................92
40. Skewers ananasi të pjekur në skarë.............................94
41. Kafshimet e bananeve të kokosit..................................96
42. Dip tropikal i kosit..........................................................98
43. Sallatë me fruta tropikale.............................................100
KURS KRYESOR................................................................103
44. Oriz Pina Colada...........................................................104
45. Sallatë frutash Piña Colada.........................................106
46. Skewers pule Piña Colada të pjekura në skarë...........108
47. Piña Colada Veggie Skewers.......................................110
48. Tacos me karkaleca Piña Colada................................113
49. Fileto derri Piña Colada...............................................116
50. Oriz i skuqur me karkaleca Piña Colada...................119
51. Tacos peshku Piña Colada...........................................122
52. Piña Colada proshutë me xham..................................125
53. Sallatë kremoze me fruta tropikale.............................127
54. Pule tropikale ananasi..................................................129
55. Shijoni karkalecat e tropikëve.....................................131
56. Mish derri i pjekur në skarë me salsa tropikale.........133
57. Bisht karavidhe me fruta tropikale të pjekur në skarë
................................................................................................136
58. Sallatë tropikale me fasule të zeza me mango...........139
59. Tas tropikal me oriz......................................................141
60. Qebap derri tropikal.....................................................144

61. Mish derri xhamajkan...........................................................147
62. Mango Curry Tofu..............................................................150
63. Sallatë me fasule të zeza të Karaibeve dhe me Mango Quinoa..................................................................................153
64. Pulë Havai Teriyaki............................................................156
65. Karkaleca karkaleci me gëlqere kokosi.................................159
66. Bricjapi Xhamajkane Curry...................................................162
67. Taco peshku të stilit Karaibe...............................................165
68. Salmon i lyer me mango.....................................................168
69. Kari me perime të Karaibeve...............................................170
70. Pulë hov me Mango Salsa...................................................173
71. Brinjë derri BBQ Havai......................................................176
72. Biftek i pjekur në skarë në Karaibe me salsa ananasi 179
ËSHTIRËS.................................................................................182
73. Piña Colada Granita...........................................................183
74. Piña colada soft-serve.......................................................185
75. Pina Colada Cupcakes.......................................................187
76. Pina colada cheesecake....................................................189
77. Akullore Pina Colada.........................................................192
78. Bare me qumështor Piña Colada.......................................194
79. Pina Colada Gelato...........................................................196
80. Tortë piña colada meringue gelato....................................199
81. Cheesecake Piña colada No-Bake.....................................202
82. Piña Colada Panna Cotta me Lime dhe Ananas..........205
83. Budalla Piña colada..........................................................208
SMOOTHIES DHE KOKTEIL....................................................210
84. Smoothie jeshile Piña Colada............................................211
85. Piña Colada Kefir..............................................................213
86. Smoothie Colada jeshile....................................................215
87. Piña Colada Shake............................................................217
88. Kahlua dhe biskota colada parfait.....................................219
89. Uji tropikal........................................................................221
90. Parajsa tropikale...............................................................223
91. Çaj i ftohtë tropikal............................................................225
92. Smoothie pikante tropikale jeshile.....................................227

93. Smoothie me mandarinë tropikale..................229
94. Tropicala..................231
95. Daiquiri luleshtrydhe..................233
96. Margarita tropikale..................235
97. Mocktail blu Havai..................237
98. Mocktail Mango Mojito..................239
99. Limeade kokosi..................241
100. Sangria tropikale..................243
PËRFUNDIM..................245

## PREZANTIMI

Mirë se vini në "Tropical Bliss: Një koleksion i recetave të frymëzuara nga Piña Colada". Ky libër gatimi i dedikohet të gjithë atyre që duan shijet e ëmbla dhe freskuese të tropikëve. Në këtë libër, do të gjeni një shumëllojshmëri recetash që janë frymëzuar nga kokteji klasik i Piña colada. Nga smoothies te ëmbëlsirat, çdo recetë është krijuar për të sjellë parajsën tropikale në kuzhinën tuaj.

Në këtë libër gatimi, ne kemi përfshirë gjithashtu disa fakte dhe këshilla argëtuese për historinë e Piña colada, përbërësit e përdorur dhe si të bëni pijen perfekte. Shpresojmë që ky libër gatimi t'ju frymëzojë të eksperimentoni me shije të reja dhe të krijoni parajsën tuaj tropikale.

# KLASIKËT

1. <u>Pina Colada klasike</u>

## PËRBËRËSIT:
- 2 oz rum i lehtë
- 2 oz lëng ananasi
- 2 oz krem kokosi
- 1 filxhan akull i grimcuar
- Fetë ananasi dhe qershi maraschino për zbukurim

## UDHËZIME:
a) Shtoni rumin, lëngun e ananasit, kremin e kokosit dhe akullin e grimcuar në një blender.
b) Përziejini derisa të jetë e qetë.
c) Hidheni në një gotë dhe zbukurojeni me një fetë ananasi dhe qershi maraschino.

2. <u>Virgjëresha Piña Colada</u>

## PËRBËRËSIT:
- 2 oz lëng ananasi
- 2 oz krem kokosi
- 1 filxhan akull i grimcuar
- Fetë ananasi dhe qershi maraschino për zbukurim

## UDHËZIME:
a) Shtoni lëngun e ananasit, kremin e kokosit dhe akullin e grimcuar në një blender.
b) Përziejini derisa të jetë e qetë.
c) Hidheni në një gotë dhe zbukurojeni me një fetë ananasi dhe qershi maraschino.

3. <u>Xhenxhefil Piña Colada</u>

## PËRBËRËSIT:
- 2 gota ananas të ngrirë
- 1 gëlqere e qëruar dhe e prerë në feta
- Copë 1/2 inç xhenxhefil, e prerë në feta hollë

## UDHËZIME:
a) Përzieni me 1/2 deri në 1 filxhan lëng.
b) Kënaquni

4. <u>Kolada e rrushit</u>

## PËRBËRËSIT:
- 7 ons rrush i kuq pa fara
- 2 lugë mjaltë
- 16 ons krem kokosi të ëmbëlsuar
- 1 lugë çaji qimnon i bluar
- disa pika ujë me lule portokalli
- $3\frac{1}{2}$ ons kube akulli

## UDHËZIME:
a)   Përzieni rrushin me mjaltë, kremin e kokosit, qimnonin, ujin e luleve të portokallit dhe akullin deri sa të jenë të lëmuara.

b)   Shërbejeni dhe zbukurojeni me gjysma shtesë të rrushit.

5. <u>Piña Colada në stilin tajlandez</u>

## PËRBËRËSIT:

- Qumësht kokosi pa sheqer: 1 kanaçe
- Lëng ananasi: 1 filxhan
- Rum i lehtë: 4 ons
- Sheqeri: ½ filxhan
- Kube akulli: 4 gota

## UDHËZIME:

a) Në një enë blender, përzieni qumështin e kokosit, rumin, sheqerin dhe lëngun e ananasit.
b) Përziejini në nivele të larta derisa të jenë plotësisht të lëmuara.
c) Shtoni akullin dhe përzieni derisa të formohet një konsistencë e butë.
d) Hidheni në gota. Shërbejeni menjëherë.

6. <u>Malibu Pumpkin Colada</u>

## PËRBËRËSIT:
- Kube akulli
- 50 ml Malibu
- 50 ml krem kokosi
- 10 ml lëng limoni
- 10 ml pure ose lëng kungulli
- 75 ml lëng ananasi

## UDHËZIME:
a) Mbushni një shaker me kuba akulli.
b) Shtoni Malibu, kremin e kokosit, lëngun e limonit, purenë ose lëngun e kungujve dhe lëngun e ananasit.
c) Tundeni dhe kullojeni në një gotë të ftohur të mbushur me kube akulli.

7. <u>Pina Colada Martini</u>

## PËRBËRËSIT:

- 2 oz rum kokosi
- 1 oz lëng ananasi
- 1 oz krem kokosi
- 1/2 oz lëng gëlqereje
- Fetë ananasi dhe gëlqere rrotullohen për zbukurim

## UDHËZIME:

a) Shtoni rumin e kokosit, lëngun e ananasit, kremin e kokosit dhe lëngun e limonit në një shaker me akull.
b) Tundeni derisa të ftohet.
c) Kullojeni në një gotë martini.
d) Zbukuroni me një fetë ananasi dhe përdredhje lime.

## 8. Mocktail Pina Colada

## PËRBËRËSIT:
- 2 oz lëng ananasi
- 2 oz krem kokosi
- 1 oz lëng gëlqereje
- 1/2 oz shurup i thjeshtë
- Sode klubi
- Fetë ananasi dhe gjethe nenexhiku për zbukurim

## UDHËZIME:
a) Shtoni lëngun e ananasit, kremin e kokosit, lëngun e limonit dhe shurupin e thjeshtë në një shaker me akull.
b) Tundeni derisa të ftohet.
c) Kullojeni në një gotë të mbushur me akull.
d) Sipër me sode klubi.
e) Zbukuroni me një fetë ananasi dhe gjethe nenexhiku.

# MËNGJESI

9. **Pancakes Pina colada**

## PËRBËRËSIT:
- 1 filxhan miell spell
- ½ lugë çaji pluhur pjekjeje
- ½ lugë çaji sodë buke
- ¾ filxhan kos të thjeshtë grek
- ½ filxhan + 2 lugë qumësht kokosi të konservuar me yndyrë të plotë
- 1 vezë e madhe
- 2 lugë shurup panje
- 1 lugë çaji ekstrakt vanilje
- ½ filxhan ananas të prerë hollë

## UDHËZIME:
a) Shtoni miellin, pluhurin për pjekje dhe sodën e bukës në një tas dhe përzieni për t'u bashkuar.
b) Në një enë tjetër, rrihni kosin, qumështin e kokosit, vezën, shurupin e panjës dhe vaniljen derisa të kombinohen plotësisht.
c) Shtoni përbërësit e lagësht tek përbërësit e thatë dhe përzieni së bashku derisa të kombinohen plotësisht.
d) Pasi gjithçka të jetë përzier, përzieni ananasin.
e) Lëreni brumin të pushojë për 2 deri në 3 minuta. Kjo lejon që të gjithë përbërësit të bashkohen dhe i jep brumit një konsistencë më të mirë.
f) Spërkatni me bollëk një tigan ose tigan që nuk ngjit me vaj vegjetal dhe ngroheni mbi nxehtësinë mesatare.
g) Pasi tigani të jetë nxehtë, shtoni brumin duke përdorur një filxhan matëse ¼ filxhan dhe derdhni brumin në tigan për të bërë petullën. Përdorni filxhanin matëse për të ndihmuar në formësimin e petullës.

h) Gatuani derisa anët të duken të vendosura dhe të formohen flluska në mes (rreth 2 deri në 3 minuta), më pas kthejeni petullën.

i) Pasi petulla të jetë gatuar nga ajo anë, hiqeni petullën nga zjarri dhe vendoseni në një pjatë.

j) Vazhdoni këto hapa me pjesën tjetër të brumit.

10. <u>Piña Colada Tërshërë gjatë natës</u>

## PËRBËRËSIT:
- 1/2 filxhan tërshërë të mbështjellë
- 1/2 filxhan qumësht kokosi
- 1/2 filxhan lëng ananasi
- 1/4 filxhan kokos të grirë
- 1 lugë mjaltë
- 1/2 lugë çaji ekstrakt vanilje
- Mbushjet: ananasi i prerë në feta, kokosi i grirë

## UDHËZIME:
a) Në një tas, kombinoni tërshërën, qumështin e kokosit, lëngun e ananasit, kokosin e grirë, mjaltin dhe ekstraktin e vaniljes.

b) Përziejini mirë dhe mbulojeni enën me mbështjellës plastik.

c) Lëreni tërshërën në frigorifer gjatë natës.

d) Në mëngjes hidhet sipër ananasi të prerë në feta dhe kokosi i grirë.

11. <u>Dolli franceze Piña Colada</u>

## PËRBËRËSIT:

- 4 feta buke
- 2 vezë
- 1/4 filxhan qumësht kokosi
- 1/4 filxhan lëng ananasi
- 1/4 lugë çaji ekstrakt vanilje
- 1/4 lugë çaji kanellë të bluar
- 1/4 filxhan kokos të grirë
- Gjalpë ose vaj për skuqje

## UDHËZIME:

a) Në një pjatë të cekët, përzieni vezët, qumështin e kokosit, lëngun e ananasit, ekstraktin e vaniljes dhe kanellën.
b) Zhytni çdo fetë bukë në përzierjen e vezëve, duke u kujdesur që të lyeni të dyja anët.
c) Ngroheni një tigan mbi nxehtësinë mesatare dhe shtoni një lugë gjelle gjalpë ose vaj.
d) Shtoni fetat e bukës në tigan dhe gatuajeni për 2-3 minuta nga secila anë, derisa të marrin ngjyrë kafe të artë.
e) Spërkatni kokosin e grirë mbi tostin francez dhe shërbejeni me shurup.

12. <u>Kiflet Piña Colada</u>

## PËRBËRËSIT:
- 2 gota miell për të gjitha përdorimet
- 1/2 filxhan sheqer
- 1 lugë gjelle pluhur pjekjeje
- 1/4 lugë çaji kripë
- 1/2 filxhan qumësht kokosi
- 1/2 filxhan lëng ananasi
- 1/4 filxhan vaj vegjetal
- 1 vezë
- 1 filxhan ananas të prerë në kubikë
- 1/2 filxhan kokos të grirë

## UDHËZIME:
a) Ngrohni furrën në 375°F (190°C) dhe vendosni një tepsi për kifle me veshje letre.
b) Në një enë përzieni miellin, sheqerin, pluhurin për pjekje dhe kripën.
c) Në një enë tjetër, përzieni qumështin e kokosit, lëngun e ananasit, vajin vegjetal dhe vezën.
d) Hidhni përbërësit e lagësht në përbërësit e thatë dhe përziejini derisa të kombinohen.
e) Përzieni ananasin e prerë në kubikë dhe kokosin e grirë.
f) Hidheni brumin në formën e përgatitur për kifle, duke mbushur çdo filxhan rreth 2/3 e plotë.
g) Piqni për 20-25 minuta, derisa një kruese dhëmbësh e futur në qendër të një kifle të dalë e pastër.
h) Lërini kiflet të ftohen në formë për 5 minuta përpara se t'i transferoni në një raft teli që të ftohen plotësisht.

13. <u>Piña Colada Granola</u>

## PËRBËRËSIT:
- 3 gota tërshërë të mbështjellë
- 1/2 filxhan kokos të grirë
- 1/2 filxhan bajame të grira
- 1/4 filxhan mjaltë
- 1/4 filxhan vaj kokosi
- 1/4 filxhan lëng ananasi
- 1 lugë çaji ekstrakt vanilje
- 1/2 filxhan ananas të thatë

## UDHËZIME:
a) Ngrohni furrën në 325°F (160°C) dhe vendosni një fletë pjekjeje me letër furre.
b) Në një tas, përzieni tërshërën e mbështjellë, kokosin e grirë dhe bajamet e grira.
c) Në një enë tjetër, përzieni mjaltin, vajin e kokosit, lëngun e ananasit dhe ekstraktin e vaniljes.
d) Hidhni përbërësit e lagësht mbi përbërësit e thatë dhe përziejini derisa të mbulohen mirë.
e) Përhapeni masën në tepsi të përgatitur dhe piqni për 20-25 minuta, duke e përzier herë pas here, derisa të marrë ngjyrë kafe të artë.
f) Lëreni granolën të ftohet në tepsi për 10 minuta përpara se ta përzieni me ananasin e tharë.
g) Ruajeni granolën në një enë hermetike.

4. <u>Puding Piña Colada Chia</u>

## PËRBËRËSIT:

- 1/4 filxhan fara chia
- 1 filxhan qumësht kokosi
- 1/4 filxhan lëng ananasi
- 1 lugë mjaltë
- 1/4 lugë çaji ekstrakt vanilje
- Mbushjet: ananasi i prerë në feta, kokosi i grirë

## UDHËZIME:

a) Në një tas, përzieni farat chia, qumështin e kokosit, lëngun e ananasit, mjaltin dhe ekstraktin e vaniljes.

b) Mbulojeni enën me mbështjellës plastik dhe vendoseni në frigorifer për të paktën 2 orë ose gjatë gjithë natës.

c) Për ta servirur, sipër hidhni ananasin të prerë në feta dhe arrë kokosi të grirë.

15. <u>Piña Colada Mëngjesi Parfait</u>

## PËRBËRËSIT:
- 1/2 filxhan kos grek
- 1/2 filxhan ananas të prerë në kubikë
- 1/4 filxhan kokos të grirë
- 2 lugë mjaltë
- 2 lugë gjelle lëng ananasi
- Granola për sipër

## UDHËZIME:
a) Në një tas, përzieni kosin grek, ananasin të prerë në kubikë, kokosin e grirë, mjaltin dhe lëngun e ananasit.

b) Përzierja hidhet me lugë në një gotë për servirje, duke alternuar me shtresa granola.

c) Sipër shtoni ananas shtesë të prerë në kubikë dhe kokos të grirë.

16. <u>Piña Colada Mëngjesi Burrito</u>

## PËRBËRËSIT:
- 4 tortilla të mëdha me miell
- 6 vezë, të fërguara
- 1/2 filxhan copa ananasi
- 1/2 filxhan kokos të grirë
- 1/4 filxhan cilantro të copëtuar
- Kripë dhe piper për shije

## UDHËZIME:
a) Nxehni një tigan të madh mbi nxehtësinë mesatare.
b) Shtoni vezët e fërguara dhe gatuajeni deri sa të jenë vendosur.
c) Shtoni copat e ananasit, kokosin e grirë, cilantron, kripën dhe piperin në tigan dhe përzieni derisa të kombinohen mirë.
d) Ngrohni tortillat me miell në mikrovalë ose në një tigan.
e) Ndani përzierjen e vezëve midis tortilave dhe mbështillni ato në burrito.
f) Shërbejeni menjëherë.

7. <u>Tavë për mëngjes Piña Colada</u>

## PËRBËRËSIT:
- 6 kruasanë të mëdhenj, të grirë në copa të vogla
- 1 kanaçe qumësht kokosi
- 1/2 filxhan lëng ananasi
- 1/2 filxhan kokos të grirë
- 1/2 filxhan copa ananasi
- 4 vezë
- 1/4 filxhan sheqer kaf
- 1 lugë çaji ekstrakt vanilje
- 1/2 lugë çaji kanellë

## UDHËZIME:
a) Ngrohni furrën në 350°F.
b) Në një tas të madh, përzieni qumështin e kokosit, lëngun e ananasit, vezët, sheqerin kaf, ekstraktin e vaniljes dhe kanellën.
c) Shtoni copat e brioshit në tas dhe përziejini derisa të mbulohen me masën.
d) Hedhim masën e kruasanit në një enë pjekjeje të lyer me yndyrë.
e) Spërkatni copat e grira të kokosit dhe ananasit sipër përzierjes së brioshit.
f) Piqeni për 35-40 minuta, derisa sipër të marrë ngjyrë kafe të artë dhe tava të jetë gatuar.
g) Shërbejeni të nxehtë.

18. <u>Bukë në kavanoza Piña colada</u>

## PËRBËRËSIT:
- 1 kanaçe Ananasi; (20 oz) i grimcuar
- 1 filxhan margarinë; në temperaturën e dhomës
- 3 ½ gota sheqer kaf; të paketuara
- 4 të bardha veze; kamxhik
- ½ filxhan Rum
- 3⅓ filxhan miell i pazbardhur
- 1½ lugë çaji pluhur pjekjeje
- 1 lugë çaji sodë buke
- 1 filxhan kokos; i copëtuar

## UDHËZIME:
a) Ngrohni furrën në 325. Përpara se të filloni brumin, lani 8 (1 lintë) kavanoza konservimi me gojë të gjerë me kapak në ujë të nxehtë me sapun dhe lërini të kullojnë, të thahen dhe të ftohen në temperaturën e dhomës.

b) Përgatitni bujarisht kavanoza me sprej gatimi dhe miell.

c) Kullojeni ananasin për 10 minuta, duke rezervuar lëngun. Pritini ananasin e kulluar në një blender. Matni 1½ filxhan pure, duke shtuar pak lëng nëse është e nevojshme për të bërë 1½ filxhan. Lëreni purenë mënjanë. Hidhni lëngun e mbetur.

d) Në një tas përzieni, kombinoni salcën e mollës, gjysmën e sheqerit kaf derisa të bëhet e lehtë dhe me gëzof. Rrihni në të bardhat e vezëve dhe purenë e ananasit. Le menjane. Në një enë tjetër përzierjeje, bashkoni miellin, pluhurin për pjekje dhe sodën e bukës. Gradualisht, shtoni në përzierjen e ananasit në të tretat, duke e rrahur mirë me çdo shtim. Përzieni kokosin.

e) Hidhni 1 filxhan nivel brumë në çdo kavanoz. Fshijini me kujdes buzët dhe më pas vendosni kavanoza në një fletë pjekjeje (ose do të rrëzohen) në qendër të furrës. Piqeni për 40 minuta. Mbani kapakët në ujë të nxehtë derisa të përdoren.

f) Kur ëmbëlsirat të jenë gati, hiqni një nga një kavanoza që janë të nxehta nga furra. Nëse buzët kanë nevojë për pastrim, përdorni një peshqir letre të lagur. Vendosni me kujdes kapakët dhe unazat në vend, më pas vidhosni majat, mbylleni fort. Vendosni kavanoza në një raft teli; do të mbyllen ndërsa ftohen.

g) Pasi kavanozët të jenë ftohur, dekorojini me copa të rrumbullakëta dhe më pas ngjitini mbi lule, shirita etj. në kapakun, unazën dhe anën e kavanozit. Zhvidhosni unazën (kapaku duhet të jetë mbyllur tashmë) dhe vendosni disa topa pambuku sipër kapakut, më pas një copë leckë sipër dhe vidhosni përsëri unazën.

h) Dekoroni sipas dëshirës.

19. <u>Omëletë tropikale</u>

## PËRBËRËSIT:
- 3 vezë
- 2 lugë qumësht kokosi
- ¼ filxhan ananasi i prerë në kubikë
- ¼ filxhan speca zile të prera në kubikë
- ¼ filxhan qepë të kuqe të prerë në kubikë
- ¼ filxhani djathë i grirë (çedër ose mocarela)
- 1 lugë gjelle cilantro e freskët e copëtuar
- Kripë dhe piper për shije
- Gjalpë ose vaj për gatim

## UDHËZIME:
a) Në një tas, përzieni vezët, qumështin e kokosit, kripën dhe piperin.
b) Nxehni një tigan që nuk ngjit në zjarr mesatar dhe shtoni pak gjalpë ose vaj për të lyer sipërfaqen.
c) Derdhni përzierjen e vezëve në tigan dhe lëreni të gatuhet për një minutë derisa skajet të fillojnë të ngurtësohen.
d) Spërkatni ananasin e prerë në kubikë, specat zile, qepën e kuqe, djathin e grirë dhe cilantro të copëtuar mbi gjysmën e omëletës.
e) Me një shpatull palosni gjysmën tjetër të omëletës mbi mbushjen.
f) Gatuani edhe për një minutë ose derisa djathi të shkrihet dhe omëleta të jetë gatuar.
g) Rrëshqitni omëletën në një pjatë dhe shërbejeni të nxehtë.
h) Shijoni shijet tropikale të omëletës së shijshme!

20. <u>Waffles Artë me fruta tropikale</u>

## PËRBËRËSIT:
### GJALPI HUMA
- 1 shkop gjalpë pa kripë, temperaturë ambienti
- 1 filxhan hurma të grira trashë

### WAFFLES
- 1 ½ filxhan miell për të gjitha përdorimet
- 1 filxhan miell bollgur i bluar i trashë
- ¼ filxhan sheqer të grimcuar
- 2 ½ lugë çaji pluhur pjekjeje
- ½ lugë çaji sodë buke
- ¾ lugë çaji kripë e trashë
- 1 ¾ filxhan qumësht të plotë, temperaturë dhome
- ⅓ filxhan salcë kosi, temperaturë dhome
- 1 shkop gjalpë pa kripë, i shkrirë
- 2 vezë të mëdha, në temperaturë ambienti
- 1 lugë çaji ekstrakt i pastër vanilje
- Sprej gatimi me vaj vegjetal
- Kivi dhe agrume të prera në feta, fëstëkë të copëtuar dhe shurup panje të pastër, për servirje

## UDHËZIME:
### GJALPI DATË:
a) Hidhni gjalpin dhe hurmat në një përpunues ushqimi, duke gërvishtur anët disa herë, derisa të jenë të lëmuara dhe të kombinuara. Gjalpi i hurmave mund të përgatitet deri në një javë përpara dhe të ruhet në frigorifer; silleni në temperaturën e dhomës përpara përdorimit.

### WAFFLES:
b) Rrihni së bashku miellin, sheqerin, pluhurin për pjekje, sodën e bukës dhe kripën në një tas të madh. Në një tas të

veçantë, përzieni qumështin, kosin, gjalpin, vezët dhe vaniljen.

c) Përzieni përzierjen e qumështit në përzierjen e miellit që të bashkohet.

d) Ngrohni paraprakisht hekurin e vafles. Lyejeni me një shtresë të hollë llak gatimi. Hidhni $1\frac{1}{4}$ filxhan brumë për vafle në qendër të hekurit, duke e lejuar atë të përhapet pothuajse në skajet.

e) Mbyllni kapakun dhe gatuajeni deri në kafe të artë dhe të freskët, 6 deri në 7 minuta.

f) Hiqeni nga hekuri dhe hidheni shpejt midis duarve disa herë për të çliruar avullin dhe për të ndihmuar në ruajtjen e mprehtësisë, më pas transferojeni në një raft teli të vendosur në një fletë pjekjeje me buzë; mbajeni të ngrohtë në furrë 225 gradë derisa të jeni gati për t'u shërbyer.

g) Përsëriteni lyerjen e hekurit me më shumë spërkatje gatimi ndërmjet grupeve.

Shërbejeni, me gjalpë hurme, fruta, fëstëkë dhe shurup.

21. <u>Krepat me fruta tropikale</u>

## PËRBËRËSIT:
- 4 ons miell i thjeshtë, i situr
- 1 majë kripë
- 1 lugë çaji sheqer pluhur
- 1 vezë, plus një të verdhë veze
- ½ litër qumësht
- 2 lugë gjalpë të shkrirë
- 4 ons Sheqer
- 2 lugë raki ose rum
- 2½ gota përzierje frutash tropikale

## UDHËZIME:
a) Për të bërë brumin e krepit, vendosni miellin, kripën dhe sheqerin e grirë në një tas dhe përzieni.

b) Rrihni gradualisht vezët, qumështin dhe gjalpin. Lëreni të qëndrojë për të paktën 2 orë.

c) Ngrohni një tigan të lyer me pak yndyrë, përzieni brumin dhe përdorni për të bërë 8 Krepa. Mbani ngrohtë.

d) Për të bërë mbushjen, vendoseni përzierjen e frutave tropikale në një tenxhere me sheqer dhe ngrohni butësisht derisa sheqeri të tretet.

e) Lëreni të vlojë dhe ngrohni derisa sheqeri të karamelizohet. Shtoni rakinë.

f) Mbushni çdo krep me fruta dhe shërbejeni menjëherë me krem ose krem.

2. <u>Pudingu tropikal i kokosit</u>

## PËRBËRËSIT:
- ¾ filxhan tërshërë të modës së vjetër pa gluten
- ½ filxhan kokos të grirë pa sheqer
- 2 gota ujë
- 1¼ filxhan qumësht kokosi
- ½ lugë çaji kanellë të bluar
- 1 banane, e prerë në feta

## UDHËZIME:
a) Duke përdorur një tas, kombinoni tërshërën, kokosin dhe ujin. Mbulojeni dhe ftohuni gjatë natës.
b) Transferoni përzierjen në një tenxhere të vogël.
c) Shtoni qumështin dhe kanellën dhe ziejini për rreth 12 minuta në zjarr mesatar.
d) Hiqeni nga zjarri dhe lëreni të qëndrojë për 5 minuta.
e) Ndani mes 2 tasave dhe sipër me fetat e bananes.

23. <u>Tropical Acai Bowl</u>

## PËRBËRËSIT:
- 2 pako acai të ngrira
- 1 banane e pjekur
- ½ filxhan manaferra të përziera të ngrira
- ½ filxhan ujë kokosi ose qumësht bajame
- Mbushjet: banane e prerë në feta, kivi, manaferrat, granola, thekonet e kokosit

## UDHËZIME:
a) Në një blender, përzieni paketat e ngrira të acai, bananet e pjekura, manaferrat e ngrira të përziera dhe ujin e kokosit ose qumështin e bajames derisa të jenë të lëmuara dhe të trasha.
b) Derdhni përzierjen e acai në një tas.
c) Sipër shtoni banane të prerë në feta, kivi, manaferrat, granola dhe thekon kokosi.
d) Mbi përzierjen e acai-t i rregullojmë sipas dëshirës majat.
e) Shërbejeni menjëherë dhe shijoni tasin tropikal me acai freskues dhe ushqyes!

24. <u>Bukë banane e kokosit</u>

## PËRBËRËSIT:

- 2 banane të pjekura, të grira
- ½ filxhan qumësht kokosi
- ¼ filxhan vaj kokosi i shkrirë
- ¼ filxhan mjaltë ose shurup panje
- 1 lugë çaji ekstrakt vanilje
- 1 ¾ filxhan miell për të gjitha përdorimet
- 1 lugë çaji pluhur pjekjeje
- ½ lugë çaji sodë buke
- ¼ lugë çaji kripë
- ¼ filxhan kokos të grirë
- Opsionale: ½ filxhan arra tropikale të copëtuara

## UDHËZIME:

a) Ngroheni furrën në 350°F (175°C) dhe lyeni me yndyrë një tepsi.

b) Në një tas të madh, kombinoni bananet e grira, qumështin e kokosit, vajin e shkrirë të kokosit, mjaltin ose shurupin e panjeve dhe ekstraktin e vaniljes. Përziejini mirë.

c) Në një tas të veçantë, përzieni miellin, pluhurin për pjekje, sodën e bukës dhe kripën.

d) Gradualisht shtoni përbërësit e thatë tek përbërësit e lagësht, duke i përzier derisa të kombinohen.

e) Palosni kokosin e grirë dhe arrat e copëtuara (nëse përdorni).

f) Derdhni brumin në tavën e përgatitur dhe përhapeni në mënyrë të barabartë.

g) Piqni për 45-55 minuta ose derisa një kruese dhëmbësh e futur në qendër të dalë e pastër.

h) Hiqeni nga furra dhe lëreni bukën e bananes së kokosit të ftohet në tigan për disa minuta.
i) Transferoni bukën në një raft teli që të ftohet plotësisht.
j) Pritini dhe shërbejeni bukën e shijshme tropikale me banane të kokosit.

25. Taco për mëngjes tropikal

## PËRBËRËSIT:
- 4 tortilla të vogla misri
- 4 vezë, të fërguara
- $\frac{1}{2}$ filxhan ananas të prerë në kubikë
- $\frac{1}{4}$ filxhan piper i kuq i prerë në kubikë
- $\frac{1}{4}$ filxhan qepë të kuqe të prerë në kubikë
- $\frac{1}{4}$ filxhan cilantro e freskët e copëtuar
- Lëng nga 1 lime
- Kripë dhe piper për shije
- Mbushje opsionale: avokado me feta, salsa, salcë e nxehtë

## UDHËZIME:
a) Në një tas, kombinoni ananasin e prerë në kubikë, piperin e kuq, qepën e kuqe, cilantro, lëngun e limonit, kripën dhe piperin. Përziejini mirë.
b) Ngrohni tortillat e misrit në një tigan ose mikrovalë.
c) Mbushni çdo tortilla me vezë të fërguara dhe sipër me salsën tropikale të ananasit.
d) Shtoni mbushje opsionale si avokado me feta, salsa ose salcë e nxehtë.
e) Shërbejini taco-t e shijshme tropikale të mëngjesit.

26. <u>Dolli tropikal me avokado</u>

## PËRBËRËSIT:
- 2 feta bukë me drithëra, të thekura
- 1 avokado e pjekur, e qëruar dhe e hequr
- Lëng ½ gëlqere
- ¼ filxhan ananasi i prerë në kubikë
- ¼ filxhan mango të prerë në kubikë
- 1 lugë gjelle cilantro e freskët e copëtuar
- Kripë dhe piper për shije
- Mbushje opsionale: rrepka të prera në feta, zarzavate ose djathë feta

## UDHËZIME:
a) Në një tas, grijeni avokadon e pjekur me një pirun.
b) Shtoni lëngun e limonit, ananasin e prerë në kubikë, mangon e prerë në kubikë, cilantro të copëtuar, kripë dhe piper.
c) Përziejini mirë derisa të bashkohen të gjithë përbërësit.
d) Përhapeni përzierjen e avokados në mënyrë të barabartë mbi fetat e bukës së thekur.
e) Sipër shtoni mbushje opsionale nëse dëshironi, të tilla si rrepka të prera në feta, zarzavate ose djathë feta të thërrmuar.
f) Shërbejeni bukën me avokado tropikale si një rostiçeri të shijshme dhe të kënaqshme ose vakt të lehtë.
g) Shijoni avokadon kremoze të shoqëruar me frutat tropikale të ëmbla dhe të shijshme!

# SNACKS

7. <u>Piña Colada Bark</u>

## PËRBËRËSIT:

- 24 ons lëvore bajame
- 1/2 filxhan ananas të thatë të grirë imët plus më shumë për zbukurim
- 1/4 filxhan kokos të thekur plus më shumë për zbukurim
- 1/2 filxhan karamele të verdhë të shkrirë shkrihet

## UDHËZIME:

a) Shkrini lëvoren e bajames siç tregohet në paketim. Përzieni ananasin dhe kokosin.
b) Hidheni në një tigan me madhësi 9"x13" të mbuluar me fletë metalike.
c) Shkrini karamele të shkrirë dhe shtoni pak kukulla në të gjithë përzierjen e bardhë. Duke përdorur një kruese dhëmbësh, rrotulloni të verdhën në të bardhë.
d) I spërkasim mbi garniturat dhe i mbulojmë me mbështjellës. Lëreni të vendoset për rreth 4 orë.
e) Ndajeni në copa dhe kënaquni!

28. <u>Topat e energjisë Piña Colada</u>

## PËRBËRËSIT:

- 1 filxhan hurma Medjool, pa koriza
- 1 filxhan kokos të grirë pa sheqer
- 1/2 filxhan shqeme
- 1/4 filxhan copa ananasi
- 1/4 filxhan lëng ananasi
- 1/2 lugë çaji ekstrakt vanilje
- Një majë kripë

## UDHËZIME:

a) Në një përpunues ushqimi, pulsoni hurmat, kokosin e grirë, shqeme, copat e ananasit, lëngun e ananasit, ekstraktin e vaniljes dhe kripën derisa të formohet një brumë ngjitës.

b) Rrotulloni brumin në topa të vegjël.

c) Ruani topat e energjisë në frigorifer deri në 1 javë.

29. <u>Bare Piña Colada Granola</u>

## PËRBËRËSIT:
- 2 gota tërshërë të mbështjellë
- 1/2 filxhan arrë kokosi të copëtuar pa sheqer
- 1/4 filxhan shqeme
- 1/4 filxhan bajame
- 1/4 filxhan mjaltë
- 1/4 filxhan vaj kokosi
- 1/4 filxhan lëng ananasi
- 1/4 filxhan copa ananasi
- 1 lugë çaji ekstrakt vanilje

## UDHËZIME:
a) Ngrohni furrën në 350°F.
b) Rreshtoni një enë pjekjeje me letër furre.
c) Në një tas të madh, përzieni tërshërën e mbështjellë, arrë kokosi të grirë, shqeme dhe bajame.
d) Në një tas të veçantë, përzieni mjaltin, vajin e kokosit, lëngun e ananasit, copat e ananasit dhe ekstraktin e vaniljes.
e) Hidhni përbërësit e lagësht mbi përbërësit e thatë dhe përzieni derisa të kombinohen mirë.
f) Hidheni masën në enën e përgatitur për pjekje dhe shtypeni fort.
g) Piqeni për 20-25 minuta, deri në kafe të artë.
h) Lërini shufrat e granola të ftohen përpara se t'i prisni në katrorë.

0. <u>Piña Colada Rice Krispie Treats</u>

## PËRBËRËSIT:

- 6 gota drithëra Rice Krispie
- 1/4 filxhan gjalpë pa kripë
- 1/4 filxhan mjaltë
- 1/4 filxhan kokosi të grirë pa sheqer
- 1/4 filxhan lëng ananasi
- 1/4 filxhan copa ananasi

## UDHËZIME:

a) Në një tenxhere të madhe shkrini gjalpin në zjarr të ulët.

b) Shtoni mjaltin, kokosin e grirë, lëngun e ananasit dhe copat e ananasit në tenxhere dhe përzieni derisa të kombinohen mirë.

c) Shtoni drithërat Rice Krispie në tenxhere dhe përzieni derisa drithërat të mbulohen me përzierjen.

d) Hidheni përzierjen në një enë pjekjeje të lyer me yndyrë 9x13 inç dhe shtypeni fort.

e) Lëreni përzierjen të ftohet përpara se ta prisni në katrorë.

31. <u>Piña Colada Trail Mix</u>

## PËRBËRËSIT:
- 1 filxhan shqeme të pjekura
- 1 filxhan bajame të pjekura
- 1/2 filxhan arrë kokosi të copëtuar pa sheqer
- 1/2 filxhan copa ananasi të thata
- 1/4 filxhan patate të skuqura çokollatë të bardhë
- 1/4 filxhan patate të skuqura kokosi

## UDHËZIME:
a) Në një tas të madh, përzieni shqemet, bajamet, kokosin e grirë, copat e thata të ananasit, copëzat e çokollatës së bardhë dhe patate të skuqura kokosi.

b) Ruajeni përzierjen e gjurmëve në një enë hermetike deri në 1 javë.

32. <u>Ceviche koktej tropikal</u>

## PËRBËRËSIT:
- ¾ paund Snapper
- 1 kile Scallops; të katërta
- 1 qepë e vogël e kuqe; e përgjysmuar, e prerë hollë
- ¼ filxhan Cilantro; të prera në mënyrë të trashë
- 2 gota mango; i prerë në kubikë
- 1½ filxhan ananas; i prerë në kubikë
- Marinadë
- 1 filxhan lëng limoni; i saposhtrydhur
- 1 lugë gjelle lëvore gëlqereje; të grira
- 1 filxhan uthull orizi
- ¼ filxhan Sheqer
- 1½ lugë çaji thekon piper të kuq; për shije
- 1½ lugë çaji kripë
- 2 lugë çaji fara koriandër; i grimcuar

## UDHËZIME:
a) Kombinoni përbërësit e marinadës në një tas të madh përzierjeje qelqi ose inoksi. Përziejini së bashku dhe lërini mënjanë.

b) Shpëlajini peshkun dhe fiston në ujë të ftohtë dhe thajini me peshqir letre. Shtoni fiston në marinadë dhe vendoseni në frigorifer. Pritini peshkun në copa ½" dhe shtoni në marinadë me qepët.

c) Përziejeni butësisht, mbulojeni dhe vendoseni në frigorifer për të paktën 4 orë përpara se ta shërbeni.

d) Përziejini herë pas here për të siguruar që marinata të depërtojë në mënyrë të barabartë në frutat e detit. Ceviche mund të përgatitet në këtë pikë deri në 2 ditë përpara. Rreth 30 minuta para se ta servirni, përzieni cilantron dhe frutat dhe kthejeni enën në frigorifer derisa të jetë gati për t'u shërbyer.

e) Shërbejeni në enë ose pjata të vogla të ftohta ose, për një pamje më festive, gota apo koktej.

33. Kafshimet e proteinave të limonit tropikal

## PËRBËRËSIT:
- 1¾ filxhan shqeme
- ¼ filxhan miell kokosi
- ¼ filxhan kokos të grirë pa sheqer
- 3 lugë gjelle kërpi të papërpunuar të prerë
- 3 lugë shurup panje
- 3 lugë gjelle lëng limoni të freskët

## UDHËZIME:
a) Vendosni shqemet në një procesor ushqimi dhe përpunoni derisa të jenë shumë të imta.

b) Shtoni pjesën tjetër të përbërësve dhe përpunoni derisa të përzihet mirë.

c) Hidheni përzierjen në një tas të madh.

d) Merrni një grumbull të brumit dhe shtrydhni atë në një top.

e) Vazhdoni ta shtrydhni dhe ta punoni disa herë derisa të formohet një top dhe të jetë i fortë.

34. <u>Pica me arra tropikale</u>

**PËRBËRËSIT:**
- 1 kore e gatshme pice
- 1 luge vaj ulliri
- Enë 13,5 ons krem djathi me shije frutash
- Kavanoz 26 ons me feta mango, të kulluar dhe të copëtuar
- ½ C. arra të copëtuara

**UDHËZIME:**
a) Gatuani koren e picës në furrë sipas udhëzimeve të paketimit.
b) Lyejeni koren me vaj në mënyrë të barabartë.
c) Përhapeni kremin e djathit mbi kore dhe sipër me mangon e grirë dhe arrat.
d) Pritini në feta të dëshiruara dhe shërbejeni.

35. <u>Kaboba me fruta tropikale</u>

## PËRBËRËSIT:
- Fruta të ndryshme tropikale (ananas, mango, kivi, banane, papaja, etj.), të prera në copa sa një kafshatë
- Hell druri

## UDHËZIME:
a) Fijeni frutat e ndryshme tropikale në hell druri në çdo model që ju pëlqen.
b) Përsëriteni me frutat dhe hellet e mbetura.
c) Shërbejini kabopat e frutave tropikale siç janë ose me një anë kos ose mjaltë për zhytje.
d) Shijoni këto hell frutash me ngjyra dhe ushqyese!

36. <u>Kokoshka me gëlqere kokosi</u>

## PËRBËRËSIT:
- ½ filxhan kokrra kokoshkash
- 2 lugë vaj kokosi
- Lëkura dhe lëngu i 1 lime
- 2 lugë arrë kokosi të grirë
- Kripë për shije

## UDHËZIME:
a) Ngrohni vajin e kokosit në një tenxhere të madhe mbi nxehtësinë mesatare.

b) Shtoni kokrrat e kokoshkave dhe mbulojeni tenxheren me kapak.

c) Shkundni tenxheren herë pas here për të parandaluar djegien.

d) Pasi fryrja të ngadalësohet, hiqeni tenxheren nga zjarri dhe lëreni të qëndrojë për një minutë për t'u siguruar që të gjitha kokrrat të kenë shpërthyer.

e) Në një tas të vogël, kombinoni lëkurën e limonit, lëngun e limonit, kokosin e grirë dhe kripën.

f) Hidhni përzierjen e arrës së kokosit me gëlqere mbi kokoshkat e sapothyera dhe hidhini të lyhen në mënyrë të barabartë.

g) Shijoni kokoshkat e shijshme dhe tropikale me gëlqere kokosi si një meze të lehtë dhe me shije!

37. <u>Guacamole lime kokosi</u>

## PËRBËRËSIT:
- 2 avokado të pjekura
- Lëng nga 1 lime
- Lëkura e 1 lime
- 2 lugë gjelle cilantro të freskët të copëtuar
- 2 lugë qepë të kuqe të prera në kubikë
- 2 lugë arrë kokosi të grirë
- Kripë dhe piper për shije

## UDHËZIME:
a) Në një tas, grini avokadon e pjekur me një pirun derisa të bëhen kremoze.

b) Shtoni lëngun e limonit, lëkurën e limonit, cilantron e copëtuar, qepën e kuqe të prerë në kubikë, kokosin e grirë, kripën dhe piperin.

c) Përziejini mirë që të bashkohen të gjithë përbërësit.

d) Shijoni dhe rregulloni erëzat sipas dëshirës.

e) Shërbejeni guacamole-n e arrës së kokosit me patate të skuqura tortilla ose përdorni atë si një majë të shijshme për tacos, sanduiçe ose sallata.

f) Shijoni shijet kremoze dhe të lezetshme të kësaj dredhie tropikale në guacamole!

38. <u>Karkaleca kokosi</u>

## PËRBËRËSIT:
- 1 kile karkaleca, të qëruara dhe të deveruara
- ½ filxhan miell për të gjitha përdorimet
- ½ filxhan kokos të grirë
- 2 vezë, të rrahura
- Kripë dhe piper për shije
- Vaj gatimi për tiganisje

## UDHËZIME:
a) Në një tas të cekët, kombinoni miellin për të gjitha përdorimet, kokosin e grirë, kripën dhe piperin.
b) Zhytni çdo karkalec në vezët e rrahura, duke lejuar që teprica të pikojë dhe më pas lyejeni me përzierjen e kokosit.
c) Ngrohni vajin e gatimit në një tigan ose tenxhere të thellë mbi nxehtësinë mesatare-të lartë.
d) Skuqni karkalecat e veshura me kokos në tufa deri në kafe të artë dhe krokante, rreth 2-3 minuta për anë.
e) Hiqni karkalecat nga vaji dhe kullojini në peshqir letre.
f) Shërbejeni karkalecat e arrës së kokosit si një meze ose rostiçeri të shijshme tropikale me një salcë zhytjeje sipas dëshirës tuaj, si salca e ëmbël djegës ose salsa mango.
g) Shijoni karkalecat krokante dhe me shije të kokosit!

39. Përmbledhje Salsa Mango Tropical

## PËRBËRËSIT:
- 4 tortilla të mëdha me miell
- 1 filxhan krem djathi
- 1 filxhan salsa mango
- ½ filxhan gjethe marule ose spinaqi të grira

## UDHËZIME:
a) Vendosni tortillat me miell në një sipërfaqe të pastër.
b) Përhapeni një shtresë krem djathi në mënyrë të barabartë mbi çdo tortilla.
c) Hidhni me lugë salsa mango mbi shtresën e djathit krem, duke e përhapur atë për të mbuluar tortilla.
d) Sipër salsës spërkatni gjethe të grira marule ose spinaq.
e) Rrotulloni fort çdo tortilla, duke filluar nga një skaj.
f) Pritini çdo tortilla të mbështjellë në rrota me madhësi të vogël.
g) Shërbejini salsat e mangos tropikale si një rostiçeri ose meze me shije dhe freskuese.
h) Shijoni kombinimin e shijeve kremoze, të lezetshme dhe tropikale!

40.     Skewers ananasi të pjekur në skarë

## PËRBËRËSIT:
- 1 ananas, i qëruar, i prerë në copa dhe i prerë në copa
- 2 lugë mjaltë ose shurup panje
- 1 lugë çaji kanellë të bluar
- Hell druri, të zhytur në ujë për 30 minuta

## UDHËZIME:
a) Ngrohni paraprakisht një skarë ose tigan mbi nxehtësinë mesatare.
b) Në një tas të vogël, përzieni mjaltin ose shurupin e panjeve dhe kanellën e bluar.
c) Vendosni copat e ananasit në hell druri.
d) Lyejeni ananasin me përzierjen e mjaltit ose shurupit të panjës, duke lyer të gjitha anët.
e) Vendosni skelat e ananasit në skarën e nxehur më parë dhe gatuajeni për rreth 2-3 minuta nga njëra anë, ose derisa të shfaqen shenjat e grilit dhe ananasi të karamelizohet pak.
f) Hiqini nga grili dhe lërini të ftohen për disa minuta.
g) Shërbejini shulat e ananasit të pjekur në skarë si një rostiçeri ose ëmbëlsirë të ëmbël dhe tropikale.
h) Shijoni shijet e tymosur dhe të karamelizuar të ananasit të pjekur në skarë!

41. Kafshimet e bananeve të kokosit

## PËRBËRËSIT:
- 2 banane të qëruara dhe të prera në copa sa një kafshatë
- ¼ filxhani çokollatë e zezë e shkrirë
- ¼ filxhan kokos të grirë

## UDHËZIME:
a) Rreshtoni një fletë pjekjeje me letër pergamene.
b) Zhytni secilën pjesë të bananes në çokollatën e zezë të shkrirë, duke e mbuluar rreth gjysmën e rrugës.
c) Rrotulloni bananen e lyer me çokollatë në kokosin e grirë derisa të mbulohet në mënyrë të barabartë.
d) Vendosni kafshimet e bananeve të veshura në fletën e përgatitur të pjekjes.
e) Përsëriteni me copat e mbetura të bananes.
f) Lëreni në frigorifer për të paktën 30 minuta ose derisa çokollata të forcohet.
g) Shërbejini kafshimet e bananes së kokosit si një meze të lehtë ose ëmbëlsirë të shijshme tropikale.
h) Shijoni kombinimin e bananes kremoze, çokollatës së pasur dhe kokosit!

42. Dip tropikal i kosit

## PËRBËRËSIT:

- 1 filxhan kos grek
- ½ filxhan ananas të prerë në kubikë
- ½ filxhan mango të prerë në kubikë
- ¼ filxhan piper zile të kuq të copëtuar
- ¼ filxhan qepë të kuqe të copëtuar
- ¼ filxhan cilantro e freskët e copëtuar
- 1 lugë gjelle lëng limoni
- ½ lugë çaji pluhur hudhër
- Kripë dhe piper për shije

## UDHËZIME:

a) Në një tas, kombinoni jogurtin grek, ananasin e prerë në kubikë, mangon e prerë në kubikë, specin e kuq të kuq të prerë, qepën e kuqe të copëtuar, cilantro të copëtuar, lëngun e limonit, hudhrën pluhur, kripën dhe piperin.

b) Përziejini mirë derisa të gjithë përbërësit të bashkohen plotësisht.

c) Shijoni dhe rregulloni erëzat nëse është e nevojshme.

d) Shërbejeni dip tropikal me patate të skuqura tortilla, bukë pita ose shkopinj perimesh.

e) Shijoni këtë zhytje kremoze dhe me shije me një kthesë tropikale!

43.  Sallatë me fruta tropikale

## PËRBËRËSIT:
- 2 gota ananas të prerë në kubikë
- 1 filxhan mango të prerë në kubikë
- 1 filxhan papaja të prerë në kubikë
- 1 filxhan kivi i prerë në feta
- 1 filxhan luleshtrydhe të prera në feta
- 1 lugë gjelle lëng limoni të freskët
- 1 lugë gjelle mjaltë ose shurup panje
- Mbushje opsionale: kokosi i grirë ose nenexhik i freskët i copëtuar

## UDHËZIME:
a) Në një tas të madh, kombinoni ananasin e prerë në kubikë, mangon e prerë në kubikë, papaja të prerë në kubikë, kivi të prerë në feta dhe luleshtrydhet e prera.
b) Në një tas të vogël, përzieni lëngun e limonit dhe mjaltin ose shurupin e panjeve.
c) Hidhni salcën e limonit mbi sallatën e frutave dhe hidheni butësisht në shtresë.
d) Opsionale: Spërkatni kokosin e grirë ose nenexhikun e freskët të copëtuar sipër për shije të shtuar dhe zbukurim.
e) Shërbejeni sallatën me fruta tropikale të ftohtë si një rostiçeri freskuese dhe të shëndetshme.
f) Shijoni shijet e gjalla dhe me lëng të kësaj përzierje tropikale!
g) Këto 20 receta për rostiçeri tropikale duhet t'ju ofrojnë një shumëllojshmëri opsionesh të shijshme dhe të shijshme për t'u shijuar. Pavarësisht nëse jeni duke kërkuar për diçka të ëmbël, të shijshme, kremoze ose

krokante, këto receta me siguri do të kënaqin dëshirat tuaja tropikale. Kënaquni!

# KURS KRYESOR

44. <u>Oriz Pina Colada</u>

## PËRBËRËSIT:
- 1 filxhan oriz Arborio
- 1 lugë kanellë
- 5 oz kanaçe ananasi, i grimcuar
- oz qumësht kokosi
- 1 filxhan qumësht i kondensuar
- 1 ½ filxhan ujë

## UDHËZIME:
a) Shtoni orizin dhe ujin në tenxheren e menjëhershme dhe përzieni mirë.
b) Mbyllni tenxheren me kapak dhe ziejini në temperaturë të ulët për 12 minuta.
c) Lëshoni presionin duke përdorur metodën e lëshimit të shpejtë dhe më pas hapni kapakun.
d) Shtoni përbërësit e mbetur dhe përzieni mirë.
e) Shërbejeni dhe shijoni.

## 45. Sallatë frutash Piña Colada

## PËRBËRËSIT:

- 2 gota copa ananasi
- 1 filxhan copa mango
- 1/2 filxhan kokos të grirë
- 1/4 filxhan lëng ananasi
- 1 lugë gjelle mjaltë
- Gjethet e mentes për zbukurim

## UDHËZIME:

a) Në një tas të madh, përzieni copat e ananasit, copat e mangos dhe kokosin e grirë.

b) Në një tas të veçantë, përzieni lëngun e ananasit dhe mjaltin për të bërë salcë.

c) Hidhni salcën mbi përzierjen e frutave dhe përzieni derisa të bashkohet mirë.

d) Dekoroni me gjethe nenexhiku përpara se ta shërbeni.

46. _Skewers pule Piña Colada të pjekura në skarë_

## PËRBËRËSIT:

- 4 gjoks pule pa kocka, pa lëkurë, të prera në kubikë 1 inç
- 1/2 filxhan lëng ananasi
- 1/2 filxhan qumësht kokosi
- 1/4 filxhan rum të errët
- 1/4 filxhan sheqer kaf
- 1/4 filxhan salcë soje
- 1 lugë gjelle lëng lime
- 1 lugë gjelle vaj ulliri
- 1/2 lugë çaji kripë
- 1/4 lugë çaji piper të zi
- Copa ananasi dhe kokosi i grirë pa sheqer për zbukurim

## UDHËZIME:

a) Në një tas, përzieni lëngun e ananasit, qumështin e kokosit, rumin e errët, sheqerin kaf, salcën e sojës, lëngun e limonit, vajin e ullirit, kripën dhe piperin e zi.
b) Shtoni pulën në tasin e përzierjes dhe hidheni të lyhet.
c) E mbulojmë enën dhe e marinojmë në frigorifer për të paktën 1 orë.
d) Ngrohni një skarë në nxehtësi mesatare-të lartë.
e) Hidheni pulën në hell, duke alternuar me copa ananasi.
f) Grijini hellet në skarë për 8-10 minuta nga çdo anë, derisa pula të jetë gatuar.
g) Zbukuroni me kokos të grirë të pa ëmbëlsuar përpara se ta shërbeni.

47. <u>Piña Colada Veggie Skewers</u>

## PËRBËRËSIT:
- 1 spec i kuq zile, i prerë në copa sa një kafshatë
- 1 spec jeshil i prerë në copa sa një kafshatë
- 1 kungull i verdhë, i prerë në copa sa një kafshatë
- 1 kungull i njomë, i prerë në copa sa një kafshatë
- 1 qepë e kuqe, e prerë në copa sa një kafshatë
- 1/2 filxhan lëng ananasi
- 1/2 filxhan qumësht kokosi
- 1 lugë gjelle rum të errët
- 1 lugë gjelle vaj ulliri
- 1/2 lugë çaji qimnon të bluar
- 1/2 lugë çaji paprika
- 1/2 lugë çaji pluhur hudhër
- 1/2 lugë çaji kripë
- 1/4 lugë çaji piper të zi
- Copa ananasi për hell
- Kokosi i grirë pa sheqer për zbukurim

## UDHËZIME:
a) Në një tas, përzieni lëngun e ananasit, qumështin e kokosit, rumin e errët, vajin e ullirit, qimnonin, specin, pluhurin e hudhrës, kripën dhe piperin e zi.
b) Shtoni perimet në tasin e përzierjes dhe hidhini të lyhen.
c) Mbulojeni tasin dhe marinoni në frigorifer për të paktën 30 minuta.
d) Ngrohni një skarë në nxehtësi mesatare-të lartë.
e) Vendosni copat e perimeve dhe copat e ananasit në hell.
f) Grijini hellet në skarë për 8-10 minuta, duke i rrotulluar herë pas here, derisa perimet të jenë të buta dhe të djegura lehtë.

g) Shërbejini hellet me kokos të grirë pa sheqer për zbukurim.

## 48. Tacos me karkaleca Piña Colada

## PËRBËRËSIT:
- 1 kile karkaleca të mëdha, të qëruara dhe të deveruara
- 1/4 filxhan lëng ananasi
- 1/4 filxhan qumësht kokosi
- 1 lugë gjelle rum të errët
- 1 lugë gjelle vaj ulliri
- 1/2 lugë çaji qimnon të bluar
- 1/2 lugë çaji paprika
- 1/2 lugë çaji pluhur hudhër
- 1/2 lugë çaji kripë
- 1/4 lugë çaji piper të zi
- Tortillat e misrit
- Lakra e grirë
- Copa ananasi
- Kokosi i grirë pa sheqer
- Cilantro për zbukurim

## UDHËZIME:
a) Në një tas, përzieni lëngun e ananasit, qumështin e kokosit, rumin e errët, vajin e ullirit, qimnonin, specin, pluhurin e hudhrës, kripën dhe piperin e zi.
b) Shtoni karkalecat në tasin e përzierjes dhe hidhini të lyhen.
c) Mbulojeni tasin dhe marinoni në frigorifer për të paktën 30 minuta.
d) Ngrohni një skarë në nxehtësi mesatare-të lartë.
e) Grijini karkalecat në skarë për 2-3 minuta nga çdo anë, derisa të marrin ngjyrë rozë dhe të gatuhen.
f) Ngrohni tortillat e misrit në skarë.
g) Për të mbledhur tacot, shtoni lakër të grirë dhe karkaleca të pjekur në skarë në secilën tortilla.

h) Sipër shtoni copa ananasi, kokos të grirë pa sheqer dhe cilantro.
i) Shërbejeni menjëherë.

49. <u>Fileto derri Piña Colada</u>

## PËRBËRËSIT:
- 2 kilogramë fileto derri
- 1/2 filxhan lëng ananasi
- 1/2 filxhan qumësht kokosi
- 1/4 filxhan rum të errët
- 1/4 filxhan sheqer kaf
- 1/4 filxhan salcë soje
- 1 lugë gjelle lëng lime
- 1 lugë gjelle vaj ulliri
- 1/2 lugë çaji kripë
- 1/4 lugë çaji piper të zi
- Copa ananasi dhe kokosi i grirë pa sheqer për zbukurim

## UDHËZIME:
a) Në një tas, përzieni lëngun e ananasit, qumështin e kokosit, rumin e errët, sheqerin kaf, salcën e sojës, lëngun e limonit, vajin e ullirit, kripën dhe piperin e zi.

b) Vendoseni fileton e derrit në një qese të madhe plastike që mbyllet dhe derdhni marinadën mbi mishin e derrit.

c) Mbyllni qesen dhe marinoni në frigorifer për të paktën 2 orë, ose gjatë gjithë natës.

d) Ngrohni furrën në 375°F (190°C).

e) Hiqeni mishin e derrit nga marinada dhe hidhni marinadën.

f) Nxehni një tigan të madh të sigurt për furrë mbi nxehtësinë mesatare-të lartë dhe shtoni 1 lugë gjelle vaj ulliri.

g) Ziejeni fileton e derrit nga të gjitha anët deri në kafe të artë, rreth 5 minuta.

h) Transferoni tiganin në furrë dhe piqni për 20-25 minuta, derisa temperatura e brendshme e derrit të arrijë 145°F (63°C).
i) Lëreni mishin e derrit të pushojë për 5-10 minuta përpara se ta prisni në feta.
j) Shërbejeni me copa ananasi dhe arrë kokosi të grirë pa sheqer për zbukurim.

50. <u>Oriz i skuqur me karkaleca Piña Colada</u>

## PËRBËRËSIT:
- 1 kile karkaleca të mëdha, të qëruara dhe të deveruara
- 3 gota oriz jasemini të gatuar, të ftohur
- 1/2 filxhan bizele dhe karrota të ngrira, të shkrira
- 1/2 filxhan copa ananasi
- 1/2 filxhan arrë kokosi të copëtuar pa sheqer
- 1/4 filxhan qumësht kokosi
- 1/4 filxhan lëng ananasi
- 1/4 filxhan salcë soje
- 2 lugë rum të errët
- 2 lugë gjelle vaj ulliri
- 2 thelpinj hudhre, te grira
- 2 vezë, të rrahura
- Kripë dhe piper të zi për shije
- Cilantro për zbukurim

## UDHËZIME:
a) Në një tas, përzieni qumështin e kokosit, lëngun e ananasit, salcën e sojës dhe rumin e errët.
b) Nxehni një tigan të madh mbi nxehtësinë mesatare në të lartë dhe shtoni 1 lugë gjelle vaj ulliri.
c) Shtoni karkalecat dhe hudhrat në tigan dhe skuqini për 2-3 minuta, derisa karkalecat të jenë rozë dhe të gatuhen.
d) Hiqni karkalecat nga tigani dhe lërini mënjanë.
e) Shtoni 1 lugë vaj ulliri në tigan dhe shtoni vezët e rrahura.
f) Përziejini vezët derisa të gatuhen dhe lërini mënjanë me karkaleca.
g) Shtoni lugën e mbetur të vajit të ullirit në tigan dhe shtoni orizin e zier, bizelet dhe karotat dhe copat e ananasit.

h) Hidhni salcën piña colada mbi orizin dhe përzieni për t'u bashkuar.
i) Shtoni karkalecat e gatuara dhe vezët në tigan dhe përziejini që të kombinohen.
j) Gatuani edhe për 2-3 minuta të tjera, derisa gjithçka të nxehet.
k) I rregullojmë me kripë dhe piper të zi sipas shijes.
l) Zbukuroni me kokos të grirë të pa ëmbëlsuar dhe cilantro përpara se ta shërbeni.

51. <u>Tacos peshku Piña Colada</u>

## PËRBËRËSIT:
- 1 kile peshk i bardhë, si merluci ose tilapia
- 1/2 filxhan lëng ananasi
- 1/2 filxhan qumësht kokosi
- 1 lugë gjelle rum të errët
- 1 lugë gjelle vaj ulliri
- 1/2 lugë çaji qimnon të bluar
- 1/2 lugë çaji paprika
- 1/2 lugë çaji pluhur hudhër
- 1/2 lugë çaji kripë
- 1/4 lugë çaji piper të zi
- Tortillat e misrit
- Lakra e grirë
- Copa ananasi
- Kokosi i grirë pa sheqer
- Cilantro për zbukurim

## UDHËZIME:
a) Në një tas, përzieni lëngun e ananasit, qumështin e kokosit, rumin e errët, vajin e ullirit, qimnonin, specin, pluhurin e hudhrës, kripën dhe piperin e zi.
b) Shtoni peshkun në tasin e përzierjes dhe hidheni të lyhet.
c) Mbulojeni tasin dhe marinoni në frigorifer për të paktën 30 minuta.
d) Ngrohni një skarë në nxehtësi mesatare-të lartë.
e) Piqeni peshkun në skarë për 2-3 minuta nga çdo anë, derisa të jetë gatuar.
f) Ngrohni tortillat e misrit në skarë.

g) 7. Mblidhni tacot duke vendosur disa copa peshku në secilën tortilla dhe duke i mbushur me lakër të grirë, copa ananasi, kokos të grirë pa sheqer dhe cilantro.

h) Shërbejeni menjëherë.

## 62. Piña Colada proshutë me xham

## PËRBËRËSIT:

- 1 proshutë e gatuar plotësisht me kocka, rreth 8-10 paund
- 1 filxhan lëng ananasi
- 1/2 filxhan sheqer kaf
- 1/2 filxhan mjaltë
- 1/4 filxhan rum të errët
- 2 lugë mustardë Dijon
- 1 lugë çaji kanellë të bluar
- 1/4 lugë çaji karafil të bluar
- Unaza ananasi dhe qershi për zbukurim

## UDHËZIME:

a) Ngrohni furrën në 325°F (163°C).
b) Në një tas, përzieni lëngun e ananasit, sheqerin kaf, mjaltin, rumin e errët, mustardën Dijon, kanellën dhe karafilin.
c) Vendoseni proshutën në një tavë për pjekje dhe lyeni me furçë glazurën e piña colada mbi proshutën, duke u kujdesur që ta mbuloni plotësisht.
d) Piqeni proshutën për rreth 2-2,5 orë, duke e lyer me glazurën çdo 30 minuta.
e) Gjatë 15 minutave të fundit të pjekjes, vendosni rrathë ananasi dhe qershi mbi proshutën për zbukurim.
f) Lëreni proshutën të pushojë për 10-15 minuta përpara se ta gdhendni dhe ta servirni.

3. <u>Sallatë kremoze me fruta tropikale</u>

## PËRBËRËSIT:
- Kanaçe 15,25 ons me sallatë frutash tropikale, e kulluar
- 1 banane, e prerë në feta
- 1 filxhan sipër i ngrirë i rrahur, i shkrirë

## UDHËZIME:
a) Në një tas mesatar, kombinoni të gjithë përbërësit.
b) Përziejini butësisht për të mbuluar.

54. <u>Pule tropikale ananasi</u>

## PËRBËRËSIT:

- 1 piper zile
- 1 qepë e vogël e kuqe
- 1 paund (450 g) fileto gjoksi pule pa kocka dhe pa lëkurë
- 2 gota bizele sheqeri
- 1 kanaçe (14 oz/398 ml) copa ananasi në lëng
- 2 lugë vaj kokosi të shkrirë
- 1 pkg Erëza pule me ananas tropikal
- lëng limoni të freskët

## UDHËZIME:

a) Ngrohni furrën në 425° F. Tavën me fletë me rreshtim.

b) Pritini në feta piper dhe qepë. Në një tas të madh, kombinoni piperin, qepën, pulën, bizelet, copat e ananasit (përfshirë lëngun), vajin e kokosit dhe erëzat. Hidheni derisa të lyhen mirë.

c) Rregullojini në një shtresë të vetme në tavë sa më mirë të mundeni. Pjekim, për 16 minuta, ose derisa pula të jetë gatuar.

d) Përfundoni me një shtrydhje gëlqereje të freskët, nëse dëshironi.

55. <u>Shijoni karkalecat e tropikëve</u>

## PËRBËRËSIT:
- 1 gëlqere, e prerë në gjysmë
- 1 pkg Erëza pule me ananas tropikal
- 1 lugë gjelle vaj kokosi i shkrirë
- 1 lugë mjaltë
- 2 speca zile, të prera në copa
- 1 kungull i njomë i vogël, i prerë në copa $\frac{1}{2}$ inç
- 2 gota copa mango të ngrira
- 1 lb karkaleca të papërpunuara të ngrira, të qëruara, të shkrira

## UDHËZIME:
a) Ngrohni furrën në 425° F. Tavën me fletë me rreshtim.
b) Duke përdorur një shtypës agrumesh 2-në-1, shtrydhni lëngun e gëlqeres në një tas të madh.
c) Shtoni erëza, vaj dhe mjaltë. Përziejini për t'u bashkuar.
d) Vendosni specat, kungulleshkat dhe mangon në një tigan.
e) Hidhni gjysmën e salcës sipër.
f) Duke përdorur darë, hidheni në pallto.
g) E vendosim në furrë dhe e pjekim për 10 min.
h) Ndërkohë, shtoni karkaleca në tasin me salcën e mbetur; hedh në pallto.
i) Hiqeni tavën nga furra; shtoni karkaleca në një shtresë të vetme sa më mirë që mundeni.
j) Pjekim për 3-4 minuta, ose derisa karkalecat të jenë gatuar.

6. <u>Mish derri i pjekur në skarë me salsa tropikale</u>

## PËRBËRËSIT:
Salsa:
- 1 ananas i vogël, i qëruar, i prerë dhe i prerë në kubikë
- 1 portokall mesatar, i qëruar dhe i prerë në kubikë
- 2 lugë gjelle cilantro të freskët, të grirë
- Lëng gjysmë gëlqereje të freskët

## MISH DERRI:
- ½ lugë sheqer kaf
- 2 lugë çaji hudhër të grirë
- 2 lugë çaji xhenxhefil të grirë
- 2 lugë çaji qimnon të bluar
- 2 lugë çaji koriandër të bluar
- ½ lugë çaji shafran i Indisë
- 2 lugë vaj kanola
- 6 bërxolla mish derri

## UDHËZIME:
a) Bëni salsa duke kombinuar ananasin, portokallin, cilantron dhe lëngun e limonit në një tas. Le menjane. Mund të përgatitet deri në 2 ditë përpara dhe të ruhet në frigorifer.

b) Në një tas të vogël, kombinoni përzierjen e sheqerit kaf, hudhrën, xhenxhefilin, qimnonin, korianderin dhe shafranin e Indisë.

c) Lyejini të dyja anët e bërxollave të derrit me vaj kanola dhe aplikoni fërkim në të dyja anët.

d) Ngrohni paraprakisht skarën në nivelin mesatar-të lartë. Vendosini bërxollat e derrit në skarë për rreth 5 minuta nga çdo anë ose derisa të gatuhen në një temperaturë të brendshme prej 160 °F.

e) Shërbejeni çdo bërxollë të shoqëruar me ⅓ filxhan salsa.

57. Bisht karavidhe me fruta tropikale të pjekur në skarë

## PËRBËRËSIT:
- 4 hell bambuje ose metali
- $\frac{3}{4}$ ananas i artë, i qëruar, i prerë dhe i prerë në copa 1 inç
- 2 banane, të qëruara dhe të prera në mënyrë tërthore në tetë pjesë 1 inç
- 1 mango, e qëruar, e hequr dhe e prerë në kube 1 inç
- 4 karavidhe shkëmbi ose bishta të mëdhenj karavidhesh Maine
- $\frac{3}{4}$ filxhan Glaze soje e ëmbël
- 1 filxhan gjalpë, i shkrirë
- 4 pyka gëlqereje

## UDHËZIME:
a) Nëse jeni duke pjekur në skarë me hell bambuje, futini në ujë për të paktën 30 minuta. Ndizni një skarë për nxehtësi të moderuar të drejtpërdrejtë, rreth 350$\frac{1}{4}$F.

b) Hidhni në mënyrë alternative pjesët e ananasit, bananes dhe mangos në hell, duke përdorur rreth 2 copë nga çdo frut për një hell.

c) Fluturoni bishtat e karavidheve duke e ndarë çdo bisht për së gjati përmes guaskës së sipërme të rrumbullakosur dhe mishit, duke e lënë të paprekur guaskën e poshtme të sheshtë. Nëse guaska është shumë e fortë, përdorni gërshërët e kuzhinës për të prerë guaskën e rrumbullakosur dhe një thikë për të prerë mishin.

d) Hapni butësisht bishtin për të ekspozuar mishin.

e) Lyejeni glazurën e sojës lehtë mbi hellet e frutave dhe mishin e karavidheve. Lyejeni grilin me furçë dhe lyejeni me vaj. Vendosni bishtat e karavidheve, nga ana e mishit poshtë, direkt mbi nxehtësi dhe piqini në skarë derisa të shënohen mirë në skarë, 3 deri në 4 minuta. Shtypni bishtat mbi grilën me një shpatull ose mashë për të ndihmuar në skuqjen e mishit. Rrotulloni dhe piqeni në skarë derisa mishi të jetë thjesht i fortë dhe i bardhë, duke e lyer me glazurën e sojës, 5 deri në 7 minuta më shumë.

f) Ndërkohë grijini hellet e frutave në skarë së bashku me karavidhe derisa të shënohen mirë në skarë, rreth 3 deri në 4 minuta për çdo anë.

g) Shërbejeni me gjalpin e shkrirë dhe copat e gëlqeres për shtrydhje.

8. <u>Sallatë tropikale me fasule të zeza me mango</u>

## PËRBËRËSIT:

- 3 filxhanë fasule të zeza të ziera, të kulluara dhe të shpëlarë
- $\frac{1}{2}$ filxhan piper zile të kuq të copëtuar
- $\frac{1}{4}$ filxhan qepë të kuqe të grirë
- $\frac{1}{4}$ filxhan cilantro e freskët e grirë
- 1 jalapeño, me fara dhe të grirë (sipas dëshirës)
- 3 lugë vaj farash rrushi
- 2 lugë gjelle lëng limoni të freskët
- 2 lugë çaji nektar agave
- $\frac{1}{4}$ lugë çaji kripë
- $\frac{1}{8}$ lugë çaji kajen e bluar

## UDHËZIME:

a) Në një tas të madh, kombinoni fasulet, mangon, specin zile, qepën, cilantron dhe jalapeño nëse përdorni dhe lërini mënjanë.

b) Në një tas të vogël, përzieni së bashku vajin, lëngun e limonit, nektarin e agave, kripën dhe kajenën. Hidheni salcën mbi sallatë dhe përzieni mirë.

c) Lëreni në frigorifer për 20 minuta dhe shërbejeni.

59. <u>Tas tropikal me oriz</u>

## PËRBËRËSIT:
### TASI
- 1 patate e ëmbël, e qëruar dhe e prerë në copa sa një kafshatë
- 1 lugë gjelle vaj ulliri ekstra të virgjër
- 2 gota oriz jasemini, i gatuar
- 1 ananas, i qëruar, i prerë dhe i prerë në copa sa një kafshatë
- ¼ filxhan shqeme
- 4 lugë gjelle kërpi të papërpunuar të prerë

**Salcë e ëmbël dhe e thartë**
- 1 lugë niseshte misri
- ½ filxhan ananas të copëtuar
- ¼ filxhan uthull orizi
- ⅓ filxhan sheqer kafe të hapur
- 3 lugë ketchup
- 2 lugë çaji salcë soje

## UDHËZIME:
### PATATE E EMBEL
a) Ngrohni furrën në 425°F.
b) Hidhni pataten e ëmbël me vaj. Vendoseni në një tepsi dhe piqini për 30 minuta.
c) Hiqeni nga furra dhe lëreni të ftohet.

**Salcë e ëmbël dhe e thartë**
d) Rrihni së bashku niseshte misri dhe 1 lugë gjelle ujë në një tas të vogël. Le menjane.
e) Shtoni ananasin dhe ¼ filxhani ujë në një blender. Përziejini derisa masa të jetë sa më e lëmuar.

f) Shtoni përzierjen e ananasit, uthullën e orizit, sheqerin kaf, ketchup-in dhe salcën e sojës në një tenxhere mesatare.
g) Lëreni të vlojë mbi nxehtësinë mesatare-të lartë.
h) Përzieni përzierjen e niseshtës së misrit dhe gatuajeni derisa të trashet, rreth një minutë. Hiqeni nga zjarri dhe lërini mënjanë gjatë montimit të tasave.

**KUVENDI**
i) Vendosni orizin në fund të çdo tasi. Shtoni rreshta ananasi, shqeme, fara kërpi dhe patate të ëmbël.
j) Hidhni sipër salcën e ëmbël dhe të thartë.

60. <u>Qebap derri tropikal</u>

## PËRBËRËSIT:
- 8 hell druri ose metali
- 2 paund mish derri, i prerë në copa 1 inç
- 2 speca të mëdhenj zile të kuqe të grira, të pastruara dhe të prera në 8 pjesë
- 1 spec jeshil i grimcuar, i pastruar dhe i prerë në 8 pjesë
- $\frac{1}{2}$ ananas i freskët, i prerë në 4 pjesë dhe më pas në copa
- $\frac{1}{2}$ filxhan mjaltë
- $\frac{1}{2}$ filxhan lëng limoni
- 2 lugë çaji lëvore gëlqereje të grirë
- 3 thelpinj hudhre, te grira
- $\frac{1}{4}$ filxhan mustardë të verdhë
- 1 lugë çaji kripë
- $\frac{1}{4}$ lugë çaji piper i zi

## UDHËZIME:

a) Nëse përdorni hell druri, futini në ujë për 15 deri në 20 minuta.

b) Alternoni çdo hell me copa derri, 2 copa piper të kuq, 1 copë piper jeshil dhe 2 copa ananasi.

c) Në një enë pjekjeje 9" x 13" përzieni mjaltin, lëngun e limonit, lëvozhgën e grirë të gëlqeres, hudhrën, mustardën e verdhë, kripën dhe piperin e zi; përzieni mirë. Vendosni qebapët në një enë pjekjeje dhe rrotullojini që të lyhen me marinadë. Mbulojeni dhe vendoseni në frigorifer për të paktën 4 orë ose gjatë natës, duke e rrotulluar herë pas here.

d) Ngroheni skarën në nxehtësi mesatare - të lartë. Pastroni qebapët me marinadë; hidhni marinadën e tepërt.

e) Piqni qebapët në skarë për 7 deri në 9 minuta, ose derisa mishi i derrit të mos jetë më rozë, duke i rrotulluar shpesh për të gatuar nga të gjitha anët.

61. Mish derri xhamajkan

## PËRBËRËSIT:
- 2 kilogramë fileto derri, të prera në kubikë ose shirita
- 3 lugë erëza me erëza xhamajkane
- 2 lugë vaj vegjetal
- 2 lugë gjelle lëng limoni
- 2 lugë salcë soje
- 2 lugë sheqer kaf
- 2 thelpinj hudhre, te grira
- 1 lugë çaji xhenxhefil të grirë
- Kripë dhe piper për shije

## UDHËZIME:
a) Në një tas, kombinoni erëzat e thara xhamajkane, vajin vegjetal, lëngun e limonit, salcën e sojës, sheqerin kaf, hudhrën e grirë, xhenxhefilin e grirë, kripën dhe piperin.
b) Shtoni kubet ose shiritat e filetove të derrit në tas dhe hidhini të lyhen në mënyrë të barabartë në marinadë.
c) Mbulojeni enën dhe vendoseni në frigorifer për të paktën 1 orë, ose gjatë natës për një aromë më intensive.
d) Ngrohni paraprakisht një skarë ose tigan mbi nxehtësinë mesatare-të lartë.
e) Hiqeni mishin e derrit nga marinada, duke shkundur çdo tepricë.
f) Piqeni mishin e derrit në skarë për rreth 4-6 minuta nga çdo anë, ose derisa të gatuhet dhe të shkrihet mirë.
g) Lyejeni mishin e derrit me marinadën e mbetur gjatë grirjes.
h) Pasi të jetë gatuar, hidheni mishin e derrit në një pjatë servirjeje dhe lëreni të pushojë për disa minuta.
i) Shërbejeni mishin e derrit xhamajkan si një pjatë kryesore tropikale pikante dhe me shije.

j) Shijoni shijet e tymosura dhe aromatike të erëzave të tharta!

## 62. Mango Curry Tofu

## PËRBËRËSIT:
- 1 bllok (14 oz) tofu të fortë, të kulluar dhe të prerë në kubikë
- 1 lugë gjelle vaj vegjetal
- 1 qepë, e prerë në feta
- 2 thelpinj hudhre, te grira
- 1 lugë gjelle pluhur kerri
- 1 lugë çaji qimnon i bluar
- ½ lugë çaji shafran i Indisë i bluar
- ½ lugë çaji koriandër të bluar
- ¼ lugë çaji piper kajen (rregullohet sipas shijes)
- 1 kanaçe (14 oz) qumësht kokosi
- 1 mango e pjekur, e qëruar, e prerë dhe e prerë në kubikë
- 1 lugë gjelle lëng limoni
- Kripë për shije
- cilantro e freskët e copëtuar për zbukurim
- Oriz i gatuar ose bukë naan për servirje

## UDHËZIME:
a) Ngrohni vajin vegjetal në një tigan të madh ose wok mbi nxehtësinë mesatare.

b) Shtoni qepën e prerë në feta dhe hudhrën e grirë dhe skuqini për 2-3 minuta derisa të zbuten dhe të kenë aromë.

c) Shtoni pluhur kari, qimnon të bluar, shafran të Indisë, koriandër të bluar dhe piper të kuq. I trazojmë mirë që të lyhen qepët dhe hudhrat me erëza.

d) Shtoni tofun e prerë në kubikë në tigan dhe gatuajeni për 3-4 minuta derisa të skuqet pak.

e) Hidhni qumështin e kokosit dhe lëreni të ziejë.

f) Shtoni mangon e prerë në kubikë dhe lëng gëlqereje në tigan dhe kriposeni sipas shijes.
g) Ziejini për 5-6 minuta derisa tofu të nxehet dhe shijet të jenë shkrirë së bashku.
h) Dekoroni me cilantro të freskët të copëtuar.
i) Shërbejeni tofu me karri mango mbi oriz të gatuar ose me bukë naan për një pjatë kryesore tropikale të kënaqshme.

j) Shijoni karin kremoz dhe aromatik të mangos me tofu të butë dhe erëza aromatike!

53. <u>Sallatë me fasule të zeza të Karaibeve dhe me Mango Quinoa</u>

## PËRBËRËSIT:

- 1 filxhan quinoa e gatuar, e ftohur
- 1 kanaçe (15 oz) fasule të zeza, të lara dhe të kulluara
- 1 mango e pjekur, e qëruar, e prerë dhe e prerë në kubikë
- 1 spec i kuq zile, i prerë në kubikë
- $\frac{1}{4}$ filxhan qepë të kuqe të copëtuar
- $\frac{1}{4}$ filxhan cilantro e freskët e copëtuar
- Lëng nga 1 lime
- 2 luge vaj ulliri
- 1 lugë çaji qimnon i bluar
- Kripë dhe piper për shije

## UDHËZIME:

a) Në një tas të madh, kombinoni quinoa-n e gatuar, fasulet e zeza, mangon e prerë në kubikë, piperin e kuq të prerë në kubikë, qepën e kuqe të copëtuar dhe cilantro të freskët të copëtuar.

b) Në një tas të vogël, përzieni lëngun e limonit, vajin e ullirit, qimnonin e bluar, kripën dhe piperin.

c) Hidhni dressingun mbi masën e quinoas dhe hidheni të bashkohet mirë.

d) Rregulloni erëzat nëse është e nevojshme.

e) Mbulojeni enën dhe vendoseni në frigorifer për të paktën 30 minuta në mënyrë që shijet të bashkohen.

f) Përpara se ta servirni, hidhni sallatën një masë të butë për t'u siguruar që të gjithë përbërësit të jenë kombinuar mirë.

g) Shërbejeni sallatën me quinoa me fasule të zeza të Karaibeve dhe mango si një pjatë kryesore tropikale freskuese dhe ushqyese.

h) Shijoni kombinimin e fasuleve të zeza të pasura me proteina, mangos me lëng dhe cilantro aromatike në çdo kafshatë!

64. Pulë Havai Teriyaki

## PËRBËRËSIT:
- 4 kofshë pule pa kocka, pa lëkurë
- ¼ filxhan salcë soje
- ¼ filxhan lëng ananasi
- 2 lugë mjaltë
- 2 lugë gjelle uthull orizi
- 1 lugë gjelle vaj susami
- 2 thelpinj hudhre, te grira
- 1 lugë çaji xhenxhefil të grirë
- Feta ananasi për zbukurim
- Qepë të gjelbra të copëtuara për zbukurim

## UDHËZIME:
a) Në një tas, përzieni salcën e sojës, lëngun e ananasit, mjaltin, uthullën e orizit, vajin e susamit, hudhrën e grirë dhe xhenxhefilin e grirë.

b) Vendosni kofshët e pulës në një enë të cekët dhe mbi to derdhni marinadën. Sigurohuni që pula të jetë e veshur në mënyrë të barabartë.

c) Mbulojeni enën dhe vendoseni në frigorifer për të paktën 1 orë, ose gjatë natës për një aromë më intensive.

d) Ngrohni paraprakisht një skarë ose tigan mbi nxehtësinë mesatare-të lartë.

e) Hiqni kofshët e pulës nga marinada, duke shkundur çdo tepricë.

f) Piqeni pulën në skarë për rreth 5-6 minuta nga çdo anë, ose derisa të gatuhet dhe të shkrihet mirë.

g) Lyejeni pulën me marinadën e mbetur gjatë grirjes.

h) Pasi të jetë gatuar, e transferojmë pulën në një pjatë servirjeje dhe e lëmë të pushojë për disa minuta.

i) Dekoroni me feta ananasi dhe qepë të njoma të grira.

j) Shërbejeni pulën teriyaki Havai si një pjatë kryesore me frymëzim tropikale.

k) Shijoni pulën e butë dhe me shije me glazurën e ëmbël dhe të lezetshme teriyaki!

65. Karkaleca karkaleci me gëlqere kokosi

## PËRBËRËSIT:
- 1 kile karkaleca, të qëruara dhe të deveruara
- 1 kanaçe (13,5 oz) qumësht kokosi
- Lëng dhe lëvore prej 2 lime
- 2 lugë gjelle paste kerri jeshile Thai
- 1 lugë gjelle salcë peshku
- 1 lugë gjelle sheqer kaf
- 1 spec i kuq zile, i prerë në feta
- 1 kungull i njomë, i prerë në feta
- 1 filxhan bizele
- 1 lugë gjelle vaj vegjetal
- cilantro e freskët për zbukurim
- Oriz i gatuar për servirje

## UDHËZIME:
a) Ngrohni vajin vegjetal në një tigan të madh ose wok mbi nxehtësinë mesatare.

b) Shtoni pastën e kerit të gjelbër Thai në tigan dhe gatuajeni për 1 minutë derisa të marrë aromë.

c) Hidhni qumështin e kokosit dhe përzieni mirë që të bashkohet me pastën e kerit.

d) Shtoni salcën e peshkut, sheqerin kaf, lëngun e limonit dhe lëkurën e limonit. Përziejini derisa të treten.

e) Shtoni në tigan specin e kuq të prerë në feta, kungull i njomë dhe bizele. Përziejini për të veshur perimet me salcën e kerit.

f) Ziejini për 5-6 minuta derisa perimet të zbuten.

g) Shtoni karkalecat në tigan dhe ziejini për 3-4 minuta të tjera derisa karkalecat të jenë rozë dhe të gatuhen.

h) Hiqeni nga zjarri dhe zbukurojeni me cilantro të freskët.

i) Shërbejeni karkalekun e arrës së kokosit mbi oriz të gatuar për një vakt tropikal të shijshëm dhe aromatik.
j) Shijoni salcën kremoze të karrit të kokosit me karkaleca të shijshme dhe perime të freskëta!

66.  <u>Bricjapi Xhamajkane Curry</u>

## PËRBËRËSIT:
- 2 kilogramë mish dhie, të prerë në kubikë
- 2 lugë gjelle pluhur kerri xhamajkan
- 1 qepë, e grirë
- 3 thelpinj hudhre, te grira
- 1 spec skocez, i hequr farat dhe i grirë
- 1 lugë gjelle vaj vegjetal
- 2 gota qumësht kokosi
- 2 gota ujë
- 2 degë trumzë të freskët
- Kripë dhe piper për shije
- Oriz i gatuar ose roti për servirje

## UDHËZIME:
a) Në një tas, rregulloni mishin e dhisë me pluhur kerri xhamajkan, kripë dhe piper. Hidheni që të lyhet mishi në mënyrë të barabartë.

b) Ngrohni vajin vegjetal në një tenxhere të madhe ose në furrën holandeze mbi nxehtësinë mesatare.

c) Në tenxhere shtojmë mishin e dhisë me erëza dhe e skuqim nga të gjitha anët. Hiqeni mishin nga tenxherja dhe lëreni mënjanë.

d) Në të njëjtën tenxhere shtoni qepën e grirë, hudhrën e grirë dhe piperin e grirë (nëse përdorni). Skuqini për 2-3 minuta derisa qepët të jenë të tejdukshme dhe aromatike.

e) Kthejeni mishin e dhisë të skuqur në tenxhere dhe përzieni që të bashkohet me qepët dhe hudhrat.

f) Hidhni qumështin e kokosit dhe ujin. I trazojmë mirë që të përfshihen lëngjet.

g) Shtoni në tenxhere degëzat e freskëta të trumzës dhe lëreni përzierjen të vlojë.

h) Ulni zjarrin në minimum, mbuloni tenxheren dhe lëreni të ziejë për rreth 2-3 orë, ose derisa mishi i dhisë të jetë i butë dhe i shijshëm. Përziejini herë pas here për të parandaluar ngjitjen.

i) Rregulloni erëzat me kripë dhe piper sipas shijes.

j) Shërbejeni dhinë karri xhamajkane mbi oriz të gatuar ose me roti për një pjatë kryesore tropikale autentike dhe të përzemërt.

k) Shijoni shijet e pasura dhe aromatike të mishit të dhisë të mbushur me kerri!

57. <u>Taco peshku të stilit Karaibe</u>

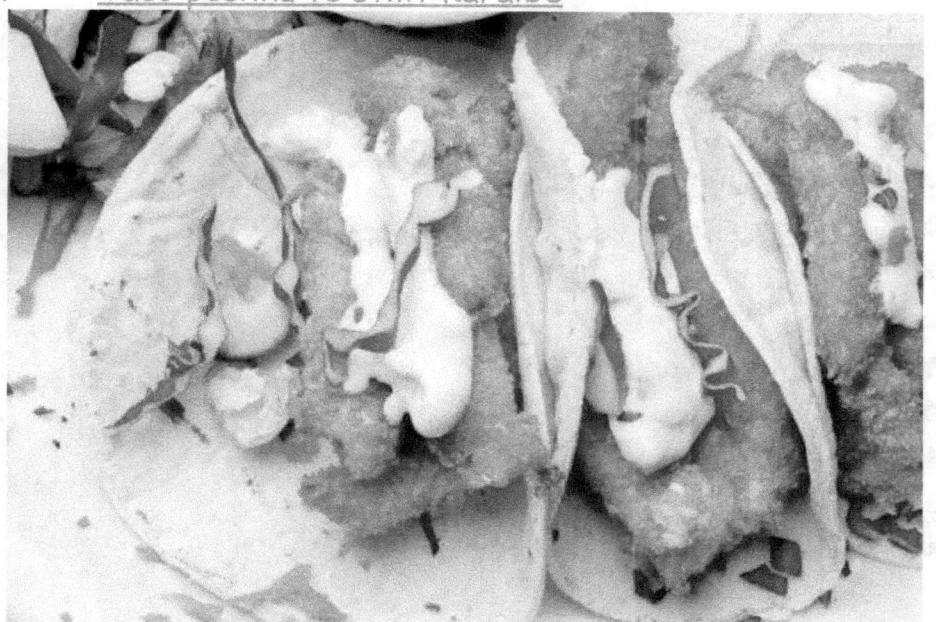

## PËRBËRËSIT:

- 1 kile fileto peshku të bardhë (të tilla si merluci ose tilapia)
- $\frac{1}{4}$ filxhan miell për të gjitha përdorimet
- 1 lugë gjelle me erëza karaibe
- $\frac{1}{2}$ lugë çaji kripë
- $\frac{1}{4}$ lugë çaji piper i zi
- 2 lugë vaj vegjetal
- 8 tortilla të vogla
- Marule e grirë
- Avokado e prerë në feta
- cilantro e freskët e copëtuar
- Pika gëlqereje për servirje

## UDHËZIME:

a) Në një pjatë të cekët, përzieni miellin, erëzat e Karaibeve, kripën dhe piperin e zi.

b) Thërrmoni filetot e peshkut në përzierjen e miellit, duke shkundur çdo tepricë.

c) Ngrohni vajin vegjetal në një tigan të madh mbi nxehtësinë mesatare.

d) Shtoni filetot e peshkut të veshura në tigan dhe gatuajeni për rreth 3-4 minuta nga çdo anë, ose derisa peshku të jetë gatuar dhe të marrë ngjyrë kafe të artë.

e) Hiqeni peshkun nga tigani dhe lëreni të pushojë për disa minuta.

f) Ngroheni tortillat në një tigan të thatë ose në mikrovalë.

g) Peshkun e gatuar e qitni me flakë dhe e ndajmë në tortilla.

h) Mbi peshkun me marule të grira, avokado të prerë në feta dhe cilantro të freskët të copëtuar.
i) Shtrydhni lëng të freskët gëlqereje mbi toppings.
j) Shërbejini tacot e peshkut të stilit Karaibe si një pjatë kryesore tropikale dhe me shije.
k) Shijoni peshkun krokant dhe të kalitur me mbushje të freskëta dhe të gjalla!

68. Salmon i lyer me mango

## PËRBËRËSIT:
- 4 fileto salmon
- 1 mango e pjekur, e qëruar, e prerë dhe e pastruar
- 2 lugë salcë soje
- 2 lugë mjaltë
- 2 lugë gjelle lëng limoni
- 2 thelpinj hudhre, te grira
- 1 lugë çaji xhenxhefil të grirë
- Kripë dhe piper për shije
- cilantro e freskët e copëtuar për zbukurim

## UDHËZIME:
a) Ngrohni furrën në 375°F (190°C).
b) Në një tas, përzieni purenë e mangos, salcën e sojës, mjaltin, lëngun e limonit, hudhrën e grirë, xhenxhefilin e grirë, kripën dhe piperin.
c) Vendosni filetat e salmonit në një enë pjekjeje dhe derdhni mbi to glazurën e mangos. Sigurohuni që salmoni të jetë i veshur në mënyrë të barabartë.
d) Piqeni në furrën e nxehur më parë për rreth 12-15 minuta, ose derisa salmoni të jetë gatuar dhe të skuqet lehtësisht me një pirun.
e) Lyejeni salmonin me glazurën një ose dy herë gjatë pjekjes.
f) Pasi të jetë pjekur, hiqni salmonin nga furra dhe lëreni të pushojë për disa minuta.
g) Dekoroni me cilantro të freskët të copëtuar.
h) Shërbejeni salmonin me lustër mango si një pjatë kryesore tropikale dhe me shije.
i) Shijoni salmonin e shijshëm dhe të ëmbël me glazurën e mangos së shijshme dhe frutash!

69. <u>Kari me perime të Karaibeve</u>

## PËRBËRËSIT:

- 1 lugë gjelle vaj vegjetal
- 1 qepë, e grirë
- 2 thelpinj hudhre, te grira
- 1 spec i kuq zile, i prerë në kubikë
- 1 spec zile të verdhë, të prerë në kubikë
- 1 kungull i njomë, i prerë në kubikë
- 1 patate e ëmbël, e qëruar dhe e prerë në kubikë
- 1 filxhan lulelakër lulesh
- 1 kanaçe (14 oz) qumësht kokosi
- 2 lugë gjelle pluhur kari të Karaibeve
- 1 lugë çaji qimnon i bluar
- 1 lugë çaji koriandër të bluar
- ¼ lugë çaji piper kajen (rregullohet sipas shijes)
- Kripë dhe piper për shije
- cilantro e freskët e copëtuar për zbukurim
- Oriz i gatuar ose roti për servirje

## UDHËZIME:

a) Ngrohni vajin vegjetal në një tigan ose tenxhere të madhe mbi nxehtësinë mesatare.

b) Shtoni qepën e grirë dhe hudhrën e grirë dhe skuqini për 2-3 minuta derisa të zbuten dhe të marrin aromë.

c) Shtoni në tigan specat e kuq dhe të verdhë të prerë në kubikë, kungull i njomë i prerë në kubikë, pataten e ëmbël të prerë në kubikë dhe lulelakër. I trazojmë që të lyhen perimet me vaj.

d) Ziejini për 5-6 minuta derisa perimet të fillojnë të zbuten.

e) Në një tas të vogël, rrihni së bashku pluhurin kari të Karaibeve, qimnonin e bluar, koriandër të bluar, specin kajen, kripën dhe piperin.

f) Spërkateni përzierjen e erëzave mbi perimet në tigan dhe përzieni mirë që të mbulohen.

g) Hidhni në të qumështin e kokosit dhe përziejeni që të bashkohet me erëzat dhe perimet.

h) Lëreni përzierjen të ziejë dhe mbulojeni tiganin. Lëreni të gatuhet për rreth 15-20 minuta, ose derisa perimet të jenë të buta dhe shijet të jenë shkrirë së bashku.

i) Rregulloni erëzat nëse është e nevojshme.

j) Dekoroni me cilantro të freskët të copëtuar.

k) Shërbejeni karin e perimeve të Karaibeve mbi oriz të gatuar ose me roti për një pjatë kryesore tropikale të shijshme dhe të shijshme.

l) Shijoni shijet e gjalla dhe aromatike të perimeve të mbushura me kerri!

70. Pulë hov me Mango Salsa

## PËRBËRËSIT:

- 4 gjoks pule pa kocka dhe pa lëkurë
- 2 lugë erëza xhamajkane
- 2 lugë vaj vegjetal
- Kripë dhe piper për shije

## MANGO SALSA:

- 1 mango e pjekur, e qëruar, e prerë dhe e prerë në kubikë
- ½ qepë e kuqe, e grirë hollë
- ½ spec i kuq zile, i grirë imët
- ½ piper jalapeno, farat dhe brinjët e hequra, të prera imët
- Lëng nga 1 lime
- 2 lugë gjelle cilantro të freskët të copëtuar
- Kripë për shije

## UDHËZIME:

a) Ngrohni paraprakisht skarën ose tiganin e skarës në nxehtësi mesatare-të lartë.
b) Fërkoni gjokset e pulës me erëza për drithërat xhamajkane, vaj vegjetal, kripë dhe piper.
c) Piqeni pulën në skarë për rreth 6-8 minuta nga çdo anë, ose derisa të gatuhet dhe të shkrihet mirë. Temperatura e brendshme duhet të arrijë 165°F (74°C).
d) Hiqeni pulën nga grili dhe lëreni të pushojë për disa minuta.
e) Ndërkohë përgatisni salsën e mangos duke kombinuar mangon të prerë në kubikë, qepën e kuqe të grirë hollë, specin e kuq të grirë imët, piperin jalapeno të grirë imët, lëngun e limonit, cilantro të freskët të grirë dhe kripën në një tas. Përziejini mirë që të bashkohen.

f) Pritini pulën e pjekur në feta dhe shërbejeni me një lugë bujare salsa mango sipër.

g) Shërbejeni mishin e pulës me salsa mango si një pjatë kryesore tropikale dhe pikante.

h) Shijoni erëzat e guximshme dhe me shije të çuditshme të kombinuara me salsën freskuese dhe me fruta të mangos!

71. <u>Brinjë derri BBQ Havai</u>

## PËRBËRËSIT:
- 2 rafte me brinjë derri
- 1 filxhan lëng ananasi
- ½ filxhan ketchup
- ¼ filxhan salcë soje
- ¼ filxhan sheqer kaf
- 2 lugë gjelle uthull orizi
- 2 thelpinj hudhre, te grira
- 1 lugë çaji xhenxhefil të grirë
- Kripë dhe piper për shije

## UDHËZIME:
a) Ngrohni furrën në 325°F (163°C).
b) Në një tas, përzieni lëngun e ananasit, ketchup-in, salcën e sojës, sheqerin kaf, uthullën e orizit, hudhrën e grirë, xhenxhefilin e grirë, kripën dhe piperin.
c) Vendosni raftet e brinjëve të derrit në një enë të madhe pjekjeje ose një tavë pjekjeje.
d) Hidhni marinadën mbi brinjë, duke u kujdesur që ato të jenë të veshura nga të gjitha anët. Rezervoni pak marinadë për fërgim.
e) E mbulojmë enën me letër alumini dhe e vendosim në furrën e parangrohur.
f) Piqini brinjët për rreth 2 orë, ose derisa të zbuten dhe mishi të fillojë të largohet nga kockat.
g) Hiqni petë dhe lyeni brinjët me marinadën e rezervuar.
h) Rriteni temperaturën e furrës në 400°F (200°C) dhe kthejini brinjët në furrë të pambuluara.
i) Piqni edhe për 15-20 minuta shtesë, ose derisa brinjët të karamelizohen mirë dhe salca të jetë trashur.

j) Hiqini nga furra dhe lërini brinjët të pushojnë për disa minuta përpara se t'i shërbeni.

k) Shërbejini brinjët e derrit BBQ Havai si një pjatë kryesore tropikale dhe e shijshme.

l) Shijoni brinjët e buta dhe me shije me glazurën e ëmbël dhe të lezetshme BBQ!

2. <u>Biftek i pjekur në skarë në Karaibe me salsa ananasi</u>

## PËRBËRËSIT:
- 2 paund biftek krahu
- 2 lugë erëza karaibe
- 2 lugë vaj vegjetal
- Kripë dhe piper për shije

### SALSA me ananas:
- 1 filxhan ananas të prerë në kubikë
- ½ qepë e kuqe, e grirë hollë
- ½ spec i kuq zile, i grirë imët
- ½ piper jalapeno, farat dhe brinjët e hequra, të prera imët
- Lëng nga 1 lime
- 2 lugë gjelle cilantro të freskët të copëtuar
- Kripë për shije

## UDHËZIME:
a) Ngrohni paraprakisht skarën ose tiganin e skarës në nxehtësi mesatare-të lartë.

b) Fërkojeni biftekin me erëza karaibe, vaj vegjetal, kripë dhe piper.

c) Piqeni biftekun në skarë për rreth 4-6 minuta nga çdo anë, ose derisa të arrijë nivelin e dëshiruar të gatishmërisë. Lëreni të pushojë për disa minuta përpara se ta prisni në feta.

d) Ndërkohë, përgatisni salsën e ananasit duke kombinuar në një tas ananasin të prerë në kubikë, qepën e kuqe të grirë hollë, specin e kuq të grirë imët, piperin jalapeno të grirë imët, lëngun e limonit, cilantro të freskët të grirë dhe kripën. Përziejini mirë që të bashkohen.

e) Pritini biftekin e pjekur në skarë kundër kokrrës dhe shërbejeni me një lugë bujare salsa ananasi sipër.

f) Shërbejeni biftekin e pjekur në skarë nga Karaibe me salsa ananasi si një pjatë kryesore tropikale dhe me shije.

ËSHTIRËS

73. <u>Piña Colada Granita</u>

## PËRBËRËSIT:
- 2 1/2 gota ananas, në kube 1/2 inç
- 1 (12 ons) kanaçe me krem kokosi
- 1/2 filxhan lëng limoni të freskët
- 1/2 filxhan lëng portokalli të freskët
- 3 lugë rum të errët
- 2 lugë gjelle Triple Sec

## UDHËZIME:
a) Duke punuar në tufa, përpunoni ananasin në një përpunues ushqimi për 15 sekonda. Transferoni në një tas të madh. Përzieni kremin e kokosit, lëngun e limonit, lëngun e portokallit, rumin dhe Triple Sec.

b) Mbulojeni me mbështjellës plastik dhe vendoseni në frigorifer gjatë gjithë natës.

c) Duke punuar në tufa, pulsoni përzierjen e ngrirë në një përpunues ushqimi 10 herë dhe më pas përpunojeni derisa të jetë e qetë, rreth 90 sekonda.

d) Mbulojeni dhe ngrini për 2 orë, ose derisa të forcohet.

4. <u>Piña colada soft-serve</u>

## PËRBËRËSIT:

- 12 ons majë të rrahur
- 12 ons krem kokosi
- lëng ananasi
- $\frac{1}{4}$ filxhan rum kokosi
- 2 lugë sheqer kaf
- Lëkura e 1 lime

## UDHËZIME:

a) Në një tas, palosni butësisht majën e rrahur, kremin e kokosit, lëngun e ananasit, rumin, sheqerin dhe lëvozhgën e gëlqeres, duke u kujdesur më shumë që ajri të mos shfryhet nga sipërfaqja e rrahur.

b) Lëngu shtesë në këtë recetë kërkon përzierje pak më të kujdesshme, por do të bashkohet.

5. <u>Pina Colada Cupcakes</u>

## PËRBËRËSIT:
- 1 kuti 18,25 ons me përzierje keku me çokollatë të bardhë
- 1 kuti 3,9 ons me përzierje të menjëhershme të pudingut me vanilje franceze
- ¼ filxhan vaj kokosi
- ½ filxhan ujë
- 2/3 filxhani rum i lehtë, i ndarë
- 4 vezë
- 1 kanaçe 14 ons plus 1 filxhan ananas të grimcuar
- 1 filxhan arrë kokosi të ëmbëlsuar, të grirë
- 1 vaskë prej 16 ons me krem vanilje
- 1 vaskë 12 ons me majë të rrahur jo të qumështit
- Kokosi i pjekur për zbukurim
- Cadra për koktej

## UDHËZIME:
a) Ngrohni furrën në 350°F.
b) Përzieni përzierjen e kekut, përzierjen e pudingut, vajin e kokosit, ujin dhe 1/3 filxhan rum duke përdorur një mikser elektrik me shpejtësi mesatare. Shtoni vezët një nga një, duke e rrahur ngadalë brumin.
c) Palosni në kanaçe me ananasin dhe kokosin. Hidheni në tepsi dhe piqini për 25 minuta.
d) Për të bërë brymë, përzieni 1 filxhan ananas të grimcuar, të mbetur 1/3 filxhan rum dhe krem me vanilje derisa të trashet.
e) Shtoni majë të rrahur jo të qumështit.
f) Fryni cupcakes të ftohur plotësisht dhe zbukurojeni me arrë kokosi të thekur dhe një ombrellë.

## 76. Pina colada cheesecake

## PËRBËRËSIT:
- Korja e kokosit
- 2 Zarfe me xhelatinë pa shije
- Sheqeri
- 1 kanaçe (6 ons) lëng ananasi
- 3 vezë të ndara
- 3 pako (8 ons secila) krem djathi, i zbutur
- ¼ filxhan Rum i errët xhamajkan
- ¼ lugë çaji ekstrakt kokosi
- 1 kanaçe (20 ons) Ananas i grimcuar
- 1 lugë gjelle niseshte misri

## UDHËZIME:
a) Përgatitni koren e kokosit (shih më poshtë). Përzieni xhelatinë dhe ½ filxhan sheqer në një tenxhere. Shtoni lëng ananasi. Qëndroni për 1 minutë. Ngroheni në të ulët derisa xhelatina të tretet (5 minuta). Hiqeni nga zjarri.

b) Shtoni të verdhat, një nga një duke i rrahur mirë pas secilës. Ftoheni pak. Rrihni kremin e djathit derisa të bëhet me gëzof.

c) Përziejini në një përzierje xhelatine me rum dhe ekstrakt kokosi.

d) Ftoheni shpejt duke e vendosur përzierjen mbi një tas me ujë akull; përziejmë derisa të trashet pak. Rrahim të bardhat e vezëve derisa të bëhen shkumë.

e) Shtoni gradualisht ¼ filxhan sheqer derisa të formohen maja të forta. Palosni në xhelatinë. Kthejeni në kore të përgatitur. Lëreni në frigorifer gjatë natës.

f) Në një tenxhere, bashkoni ananasin e pakulluar me 2 lugë sheqer dhe niseshte misri. Gatuani duke e trazuar derisa të vlojë dhe të trashet. I ftohtë. Lugë mbi cheesecake. Shërben 8 deri në 10.

g) Korja e kokosit Përzieni 1½ filxhan thërrime vaferi vanilje me 1 filxhan arrë kokosi me flakë. Përzieni ⅓ filxhan gjalpë të shkrirë. Shtypni pjesën e poshtme dhe anësore të tavës 8 ose 9 inç në formë suste. Ftoheni derisa të jeni gati për përdorim.

77. <u>Akullore Pina Colada</u>

## PËRBËRËSIT:
- 13,5 ons qumësht kokosi
- 15 ons krem kokosi
- ⅓ - ½ filxhan sheqer të grimcuar
- ¼ filxhan lëng ananasi
- 2 lugë çaji ekstrakt vanilje ose pastë fasule vanilje
- ½ filxhan ananasi të prera në kubikë të pure
- ¼ filxhan rum
- thekon kokosi të thekur, për t'u shërbyer

## UDHËZIME:
a) Në një tas të madh, përzieni qumështin e kokosit, kremin dhe sheqerin. E trazojmë për 2-3 minuta me shpejtësi të ulët derisa sheqeri të tretet. Përzieni lëngun e ananasit, ekstraktin e vaniljes dhe ananasin e pure.
b) Ftoheni përzierjen gjatë natës.
c) Ndizni makinën tuaj të akullores. Derdhni përzierjen e ftohur në tasin e ngrirjes dhe lëreni të përzihet derisa të trashet për rreth 25-30 minuta. Nëse përdorni rum, shtoni tani dhe lëreni të ziejë për 2-3 minuta të tjera.
d) Transferoni akulloren e butë në një tas të sigurt në ngrirje dhe ngrini për 2 orë të tjera që të piqet.
e) Shërbejeni me thekon kokosi të thekur.

78. <u>Bare me qumështor Piña Colada</u>

## PËRBËRËSIT:

- 2 gota grimca graham cracker
- 1/2 filxhan gjalpë pa kripë, i shkrirë
- 3 lugë sheqer të grimcuar
- 16 oce krem djathi, i zbutur
- 1 filxhan sheqer të grimcuar
- 1/4 filxhan lëng ananasi
- 1/4 filxhan qumësht kokosi
- 1/4 filxhan kokosi të grirë
- 4 vezë
- 1/2 filxhan copa ananasi

## UDHËZIME:

a) Ngrohni furrën në 350°F.
b) Në një tas, kombinoni thërrimet Graham cracker, gjalpin e shkrirë dhe 3 lugë sheqer.
c) Shtypeni përzierjen në një enë pjekjeje të lyer me yndyrë 9x13 inç.
d) Në një tas të veçantë, rrihni kremin e djathit dhe 1 filxhan sheqer derisa të jenë të lëmuara.
e) Shtoni lëngun e ananasit, qumështin e kokosit dhe kokosin e grirë në enën e përzierjes dhe përzieni derisa të kombinohen mirë.
f) Shtoni vezët në enën e përzierjes, një nga një dhe përziejini derisa të kombinohen mirë.
g) Masën e derdhim mbi koren në enë për pjekje.
h) Mbi përzierjen me copa ananasi.
i) E pjekim për 35-40 minuta, derisa cheesecake të jetë ngurtësuar.
j) Lëreni cheesecake-un të ftohet përpara se ta prisni në shufra.

79.  <u>Pina Colada Gelato</u>

## PËRBËRËSIT:
- 1 vezë
- 50 gram Sheqer
- 250 ml qumësht kokosi
- 200 ml Krem i rëndë
- ½ e një ananasi të plotë Ananas i freskët
- 1 Rom

## UDHËZIME:
a) Përdorni tasin tuaj më të madh, pasi do t'i përzieni të gjithë përbërësit në të njëjtin enë që do të përdorni për të rrahur kremin.

b) Ndani të verdhën e vezës dhe të bardhën. Bëni një marengë të fortë duke përdorur të bardhën e vezës dhe gjysmën e sheqerit. Bashkoni gjysmën tjetër të sheqerit me të verdhën e vezës dhe përzieni derisa të zbardhet.

c) Rrihni kremin e trashë derisa të formohen maja pak të buta. Shtoni qumështin e kokosit dhe përzieni lehtë.

d) Ose prisni imët ananasin ose grijeni me blender në një pastë pak të trashë.

e) Përgatitja ka përfunduar në këtë pikë. Nuk ka nevojë të jemi shumë të saktë. Përziejini gjithçka në tasin me kremin e trashë dhe qumështin e kokosit. Shtoni edhe marengën dhe përzieni mirë.

f) Hidheni në një kuti Tupperware dhe ngrini derisa të përfundojë. Nuk keni nevojë ta trazoni përgjysmë.

g) Nëse e grini ananasin në një pastë të lëmuar, rezultati do të jetë më i mëndafshtë dhe më shumë si axhelato autentike.

h) Pasi të keni grumbulluar xhelatinën në pjatat për servirje, provoni të derdhni një rrumë të vogël rumi. Ka shije të mahnitshme, ashtu si një koktej piña colada.

0. <u>Tortë piña colada meringue gelato</u>

## PËRBËRËSIT:

- ½ filxhan ananasi i dehidratuar
- 20 g çokollatë të zezë (70%)
- 100 gr marengë e gatshme
- 1 ¼ filxhan krem të rëndë
- 2-4 lugë rum kokosi Malibu
- Nenexhik i freskët ose arrë kokosi i rruar i thekur, për zbukurim

## UDHËZIME:

a) Rreshtoni një tepsi 13 x 23 cm me mbështjellës plastik. Sigurohuni që të lini disa cm plastikë mbi anët.

b) Pritini ananasin në mënyrë që asnjë copë të mos jetë më e madhe se rrushi i thatë. Bëni të njëjtën gjë me çokollatën.

c) Thyejeni marengën në një grimcë. Mundohuni ta bëni këtë shpejt, sepse beze do të marrë lagështi nga ajri dhe do të bëhet ngjitëse.

d) Në një tas të madh përzierjeje, rrihni kremin e trashë deri në maja të buta. Shtoni Malibu, pastaj rrihni përsëri për disa sekonda derisa të kthehen majat e buta.

e) Shtoni ananasin dhe çokollatën në tas dhe palosini butësisht në krem. Shtoni marengën dhe paloseni sërish butësisht. Hidhni gjithçka në tepsi dhe jepini disa goditje të buta kundër banakut në mënyrë që përmbajtja të qetësohet dhe shpërndahet. Palosni plastikën e varur mbi pjesën e sipërme të tortës, më pas mbështillenι kallajin me një shtresë tjetër mbështjellësi plastik. Vendoseni tortën në frigorifer gjatë natës.

f) Për ta servirur, përdorni plastikën e varur për ta nxjerrë tortën nga forma. Pritini në feta dhe sipër me degëza nenexhiku, ose më mirë akoma një spërkatje me arrë kokosi të thekur të rruar. Është një tortë e butë krem, ndaj hajeni menjëherë.

81. <u>Cheesecake Piña colada No-Bake</u>

## PËRBËRËSIT:
- 1 kore kokosi
- 2 Zarfe me xhelatinë pa shije
- Sheqeri
- 6 ons lëng ananasi
- 3 vezë të ndara
- Tre pako 8-ons me krem djathi të zbutur
- ¼ filxhan Rum i errët xhamajkan
- ¼ lugë çaji ekstrakt kokosi
- Kanaçe 20 ons me ananas të grimcuar
- 1 lugë gjelle niseshte misri

## UDHËZIME:

a) Përzieni xhelatinë dhe ½ filxhan sheqer në një tenxhere. Shtoni lëng ananasi. Qëndroni për 1 minutë. Ngroheni në të ulët derisa xhelatina të tretet, rreth 5 minuta. Hiqeni nga zjarri.

b) Shtoni të verdhat, një nga një duke i rrahur mirë pas secilës. Ftoheni pak. Rrihni kremin e djathit derisa të bëhet me gëzof.

c) Përziejini në një përzierje xhelatine me rum dhe ekstrakt kokosi.

d) Ftoheni shpejt duke e vendosur përzierjen mbi një tas me ujë akull; përziejmë derisa të trashet pak.

e) Rrahim të bardhat e vezëve derisa të bëhen shkumë.

f) Shtoni gradualisht ¼ filxhan sheqer derisa të formohen maja të forta. Palosni në xhelatinë. Kthejeni në kore të përgatitur. Lëreni në frigorifer gjatë natës.

g) Në një tenxhere, bashkoni ananasin e pakulluar me 2 lugë sheqer dhe niseshte misri. Gatuani duke e trazuar derisa të vlojë dhe të trashet. I ftohtë. Lugë mbi cheesecake.

2. <u>Piña Colada Panna Cotta me Lime dhe Ananas</u>

## PËRBËRËSIT:
### PËR PANNA KOTA
- 400 g krem fraiche
- 150 ml qumësht kokosi
- 100 g sheqer
- 3 gjethe xhelatinë pa aromë

### PËR SALSA ANANAS
- 1 ananas i pjekur
- 50 g sheqer
- 30 ml rum Malibu
- 25 g thekon kokosi të thekur
- 1 gëlqere
- 1 lugë gjelle gjethe mente

## UDHËZIME:
### PËR PANNA KOTA
a) Vendoseni xhelatinën në një enë me ujë të ftohtë dhe lëreni për 5-10 minuta që të zbutet.
b) Fletët e xhelatinës zhyten në një tas me ujë
c) Ndërkohë në një tenxhere mesatare bashkoni kremin, qumështin e kokosit dhe sheqerin dhe lërini të ziejnë në zjarr mesatar.
d) Krem fraiche, qumësht kokosi dhe sheqer në një tenxhere me një kamxhik në të
e) E heqim nga zjarri dhe e përziejmë me xhelatinën e kulluar. Rrihni mirë për t'u siguruar që xhelatina të jetë tretur plotësisht. Kullojeni përmes një sitë të imët.
f) Xhelatina e kulluar duke u shtuar në përzierjen e ngrohtë të panës
g) Hidheni përzierjen në 4 gota për servirje individuale dhe vendoseni në frigorifer për të paktën 2 orë.

h) Përzierja e pana cotta-s hidhet në gota ëmbëlsire për t'u vendosur

**PËR SALSA ANANAS**

i) Qëroni ananasin dhe priteni në feta të barabarta.
j) Prerja dhe prerja e ananasit të qëruar në kubikë
k) Në një tigan të madh shtoni ananasin, sheqerin dhe rumin dhe lërini të ziejnë në zjarr mesatar. Gatuani për 2 minuta dhe lërini mënjanë në një enë.
l) Sheqeri i shtohet ananasit të prerë në kubikë në një tigan mbi zjarr
m) Grini lëkurën e 1 lime mbi ananasit dhe përzieni mirë. Lëreni të ftohet në temperaturën e dhomës dhe më pas përfundoni duke shtuar nenexhik të prerë në vija të imta.
n) Grini lëkurën e gëlqeres në kubikë të gatuar ananasin
o) Pasi pana cotta të ketë qëndruar, shtoni salsa me ananasin sipër
p) Shtimi i ananasit sipër panën e vendosur në një gotë shkretëtirë
q) Dekoroni me thekon kokosi të thekur dhe gjethe nenexhiku për ta përfunduar.

83. <u>Budalla Piña colada</u>

## PËRBËRËSIT:
- 1 filxhan ananas i grimcuar pa sheqer të kulluar
- 1½ filxhan krem pana
- ½ filxhan kokos të grirë të ëmbëlsuar
- 1 lugë liker kokosi ose rum (opsionale)
- degë nenexhik (të zgjedhur)

## UDHËZIME:
a) Në një blender ose procesor ushqimi, bëni pure gjysmën e ananasit; shtoni në ananasin e mbetur. Në një tas të veçantë, rrihni kremin; palosni ananasin, kokosin dhe likerin e kokosit (nëse përdorni).

b) Ndani në 6 gota me kërcell të gjatë. Ftoheni për 1 orë. Dekoroni me nenexhik (nëse përdorni).

# SMOOTHIES DHE KOKTEIL

4. <u>Smoothie jeshile Piña Colada</u>

## PËRBËRËSIT:
- 2 gota gjethe spinaqi
- 1 filxhan ananas të freskët, të copëtuar
- 1 filxhan boronica
- 1 lugë gjelle fara liri të bluar
- 1 filxhan (240 ml) ujë kokosi
- ½ filxhan ujë

## UDHËZIME:
a) Shtoni të gjithë përbërësit përveç ujit të pastruar në një blender.
b) Shtoni ujë për shije. Procedoni derisa të jetë e qetë.

35. <u>Piña Colada Kefir</u>

## PËRBËRËSIT:
- 1 filxhan kefir qumështi.
- ½ filxhan krem kokosi.
- ½ filxhan lëng ananasi.
- Blender.

## UDHËZIME:
a) Vendosni kefirin e qumështit, kremin e kokosit dhe lëngun e ananasit në blender.
b) Përziejini ato.
c) Shërbejeni. Mund të përzieni akullin në kefir nëse dëshironi që të jetë si smoothie.

## 36. Smoothie Colada jeshile

## PËRBËRËSIT:

- 1 filxhan ananas të ngrirë të copëtuar
- 3 lugë arrë kokosi të papërpunuar, të pa ëmbëlsuar, të grirë
- 1 lugë gjelle lëng limoni të freskët
- 1 grusht gjethe spinaqi bebe
- 3 hurma pa kokrra (të njomura dhe të buta)
- 1 gotë ujë
- 4 deri në 5 kube akulli

## UDHËZIME:

a) Vendosni të gjithë përbërësit përveç akullores në një blender dhe përpunoni derisa të bëhet një masë e butë dhe kremoze. Shtoni akullin dhe përpunoni përsëri.
b) Pini akull të ftohtë.

7. <u>Piña Colada Shake</u>

## PËRBËRËSIT:
- 1 banane e ngrirë, e qëruar dhe e prerë
- ½ filxhan ananas të freskët, të copëtuar
- 1 filxhan qumësht kokosi
- 2 lugë pluhur proteine vanilje
- 1 lugë gjelle arrë kokosi të grirë, pa sheqer

## UDHËZIME:
a) Përziejini derisa të jetë e qetë.
b) Shijoni dhe rregulloni akullin ose përbërësit nëse është e nevojshme.

38. <u>Kahlua dhe biskota colada parfait</u>

## PËRBËRËSIT:

- 8 biskota makarona
- $\frac{1}{2}$ filxhan Kahlua
- 1 liter akullore vanilje
- 8 lugë çaji Rum
- 20 ons Ananasi i grimcuar, në lëng; kulluar mirë
- $\frac{1}{4}$ filxhan kokos të grirë; i thekur

## UDHËZIME:

a) Në secilën nga 4 gotat parfait ose gotat e verës 12oz, thërrmoni 1 biskotë.

b) Spërkateni secilën me 1 lugë gjelle Kahlua. Hidhni sipër $\frac{1}{4}$ filxhani akullore në secilën gotë, më pas hidhni një shtresë ananasi mbi akullore me lugë dhe spërkatni me 1 lugë çaji rum.

c) Përsëritni shtresat duke përdorur përbërësit e mbetur, duke përfunduar me akullore dhe duke spërkatur sipër kokosit të thekur.

d) Shërbejeni menjëherë.

39. Uji tropikal

## PËRBËRËSIT:

- 1 degëz e freskët mente ose borzilok
- 1 mandarinë e qëruar
- ½ mango, e qëruar dhe e prerë në kubikë
- Ujë i filtruar

## UDHËZIME:

a) Vendosni nenexhikun, mandarinën dhe mangon në një enë qelqi.
b) Mbushni atë me ujë të filtruar.
c) Ziejini për 2 orë në frigorifer.
d) Hidheni në gota për servirje.

0. Parajsa tropikale

## PËRBËRËSIT:

- 1 frut kivi, i qëruar dhe i prerë
- 1 fasule vanilje, e ndarë përgjatë gjatësisë
- ½ mango, e prerë në kubikë

## UDHËZIME:

a) Vendos mango, kivi dhe fasule vanilje në një enë 64 ons.
b) Vendoseni në ujë të filtruar ose ujë kokosi.
c) Ftoheni përpara se të shërbeni.

91. <u>Çaj i ftohtë tropikal</u>

## PËRBËRËSIT:
- 1 filxhan lëng portokalli të freskët
- 1 filxhan ananas
- ½ filxhan shurup agave
- 12 gota ujë të vluar
- 12 qese çaji
- 3 gota sode limoni

## UDHËZIME:
a) Vendosni ujë të vluar dhe qese çaji në një çajnik;
b) Lëreni të pjerrët.
c) E vendosim në frigorifer derisa të ftohet.
d) Vendosni lëngun e ananasit dhe portokallit në blenderin tuaj.
e) Bëjeni pure derisa masa të jetë uniforme dhe e lëmuar.
f) Vendosni purenë e ananasit në tenxhere.
g) përzieni shurupin e agave dhe sodën e limonit.
h) I trazojmë dhe i shërbejmë të ftohur.

92. <u>Smoothie pikante tropikale jeshile</u>

## PËRBËRËSIT:

- 2 gota gjethe spinaqi të paketuara fort
- 1 filxhan copa ananasi të ngrira
- 1 filxhan copa mango të ngrira
- 1 mandarinë e vogël, e qëruar dhe pa kore, ose lëng nga 1 lime
- 1 filxhan ujë kokosi
- $\frac{1}{4}$ lugë çaji piper kajen (opsionale)

## UDHËZIME:

a) Kombinoni të gjithë përbërësit në një blender dhe përziejini në nivele të larta derisa të jenë të lëmuara.
b) Shijoni të ftohtët.

3. <u>Smoothie me mandarinë tropikale</u>

**PËRBËRËSIT:**
- 2 mandarina të qëruara dhe të segmentuara
- ½ filxhan ananas
- 1 banane e ngrirë

**UDHËZIME:**
a) Përzieni me ½ deri në 1 filxhan lëng.
b) Kënaquni

94. <u>Tropicala</u>

## PËRBËRËSIT:
- ½ filxhan ananas
- ½ portokall me kërthizë të mesme të qëruar
- 10 bajame
- ¼ filxhan qumësht kokosi
- Një fetë ¼ inç xhenxhefil të freskët
- 1 lugë gjelle lëng limoni të freskët
- ¼ lugë çaji shafran i Indisë i bluar ose një fetë ¼ inç i freskët
- 4 kube akulli

## UDHËZIME:
a) I bashkojmë të gjithë përbërësit në një blender dhe i bëjmë pure derisa të jenë homogjene.

## 95. Daiquiri luleshtrydhe

## PËRBËRËSIT:
- 2 ons rum
- 1 ons lëng gëlqereje
- Shurup i thjeshtë 1 ons
- 4-5 luleshtrydhe të freskëta
- Kube akulli
- Luleshtrydhe për zbukurim

## UDHËZIME:
a) Në një blender, kombinoni rumin, lëngun e limonit, shurupin e thjeshtë, luleshtrydhet e freskëta dhe kube akulli.
b) Përziejini derisa të jenë të lëmuara dhe kremoze.
c) Hidheni përzierjen në një gotë.
d) Dekoroni me një luleshtrydhe.
e) Shërbejeni dhe shijoni!

## 6. Margarita tropikale

## PËRBËRËSIT:

- 2 ons tequila
- 1 ons lëng gëlqereje
- 1 ons lëng portokalli
- 1 ons lëng ananasi
- ½ ons shurup i thjeshtë
- Pykë gëlqereje dhe kripë për rrahje (opsionale)

## UDHËZIME:

a) Nëse dëshironi, mbylleni gotën me kripë duke fërkuar një pykë gëlqereje rreth buzës dhe duke e zhytur në kripë.

b) Mbushni një shaker me kuba akulli.

c) Shtoni tequila, lëng lime, lëng portokalli, lëng ananasi dhe shurup të thjeshtë në shaker.

d) Tundeni mirë.

e) Kullojeni përzierjen në gotën e përgatitur të mbushur me akull.

f) Dekoroni me një pykë gëlqereje.

g) Shërbejeni dhe shijoni!

97. <u>Mocktail blu Havai</u>

## PËRBËRËSIT:

- 2 ons shurup curacao blu
- 2 ons lëng ananasi
- 1 ons krem kokosi
- Fetë ananasi dhe qershia për zbukurim

## UDHËZIME:

a) Mbushni një shaker me kuba akulli.

b) Shtoni shurupin blu curaçao, lëngun e ananasit dhe kremin e kokosit në shaker.

c) Tundeni mirë.

d) Kullojeni përzierjen në një gotë të mbushur me akull.

e) Dekoroni me një fetë ananasi dhe qershi.

f) Shërbejeni dhe shijoni këtë pije të gjallë tropikale joalkoolike!

98. <u>Mocktail Mango Mojito</u>

## PËRBËRËSIT:
- 1 mango e pjekur, e qëruar dhe e prerë në kubikë
- 1 ons lëng gëlqereje
- Shurup i thjeshtë 1 ons
- 6-8 gjethe nenexhiku të freskët
- Ujë me sode
- Fetë mango dhe degëz nenexhik për zbukurim

## UDHËZIME:
a) Në një gotë, përzieni kubet e mangos me lëng lime dhe shurup të thjeshtë.
b) Shtoni kube akulli dhe gjethet e grisura të nenexhikut.
c) Spërkateni me ujë me sodë.
d) Përziejini butësisht.
e) Zbukuroni me një fetë mango dhe një degë nenexhiku.
f) Shërbejeni dhe shijoni këtë mocktail freskues!

9. Limeade kokosi

## PËRBËRËSIT:
- 1 filxhan ujë kokosi
- ¼ filxhan lëng limoni
- 2 lugë shurup të thjeshtë
- Feta gëlqereje dhe gjethe menteje për zbukurim

## UDHËZIME:
a) Në një tenxhere, kombinoni ujin e kokosit, lëngun e limonit dhe shurupin e thjeshtë.
b) I trazojmë mirë që të përzihen.
c) Shtoni kube akulli në gotat e servirjes.
d) Hidhni limeadin e kokosit mbi akullin në secilën gotë.
e) Dekoroni me feta lime dhe gjethe nenexhiku.
f) Përziejini butësisht përpara se ta shërbeni.
g) Shijoni shijet freskuese dhe të lezetshme të këtij mocktail tropikal limeade!

## Sangria tropikale

**PËRBËRËSIT:**
- 1 shishe verë e bardhë
- 1 filxhan lëng ananasi
- ½ filxhan lëng portokalli
- ¼ filxhan rum
- 2 lugë shurup të thjeshtë
- Fruta të ndryshme tropikale
- Sode klubi (opsionale)
- Gjethet e mentes për zbukurim

**UDHËZIME:**
a) Në një enë të madhe, kombinoni verën e bardhë, lëngun e ananasit, lëngun e portokallit, rumin dhe shurupin e thjeshtë.
b) I trazojmë mirë që të përzihen.
c) Shtoni frutat tropikale të prera në shtambë.
d) Lëreni në frigorifer për të paktën 1 orë në mënyrë që shijet të bashkohen.
e) Për ta shërbyer, hidhni sangrinë tropikale në gota të mbushura me akull.
f) Nëse dëshironi, hidhni sipër me një spërkatje me sode klubi për gaz.
g) Dekoroni me gjethe nenexhiku.
h) Pini dhe shijoni sangria tropikale me shije frute dhe freskuese!

## PËRFUNDIM

Shpresojmë që të keni shijuar këtë koleksion recetash të frymëzuara nga Piña colada. Pavarësisht nëse jeni duke argëtuar mysafirë ose thjesht duke trajtuar veten, këto receta me siguri do t'ju transportojnë në një parajsë tropikale. Mos harroni të argëtoheni dhe të eksperimentoni me përbërës të ndryshëm për t'i bërë këto receta tuajat.

Shpresojmë gjithashtu që të keni mësuar diçka të re për historinë dhe përbërësit e koktejit Piña colada. Me këtë njohuri, ju mund të impresiononi miqtë tuaj me aftësitë tuaja të miksologjisë dhe të krijoni kthesa unike në këtë pije klasike.

Falemjnderit që zgjodhët "Tropical Bliss: Një koleksion i recetave të frymëzuara nga Piña Colada". Ju urojmë shumë aventura të lumtura dhe të shijshme në kuzhinë!

www.ingramcontent.com/pod-product-compliance
Lightning Source LLC
LaVergne TN
LVHW021659060526
838200LV00050B/2416